佛教大学国際学術研究叢書 5

仏教と社会

第23回国際仏教文化学術会議実行委員会編

思文閣出版

本書は、2014年10月31日に圓光大学校(韓国・全羅北道益山市)にて開催された「第23回国際仏教文化学術会議」の基調講演および研究発表を修正・加筆し、研究成果として刊行したものである。

仏教と社会＊目次

佛教大学国際学術研究叢書5

巻頭言 ……………………………………………田 中 典 彦
刊行の御祝い ……………………………………金 　 道 　 宗

中世遁世者にみる自己と世間 …………………………池 見 澄 隆…… 9
　　——無住『雑談集』を中心に——
現代社会における宗教の一役割 …………………………韓 　 乃 　 彰……31
　　——仏教のマインドフルネス瞑想の心理治療的作用を中心に——
日本における死者祭祀と仏教 …………………………八 木 　 透……61
　　——民俗学の視座より——
持続可能な生態社会のための仏教者の生命清規 ………柳 　 淨 　 拮……91
近世の大蔵経刊行と宗存 …………………………………馬 場 久 幸……115
仏教と戦争 ………………………………………………元 　 永 　 常……145
　　——浄土真宗戦時教学の構造分析を中心として——

第23回国際仏教文化学術会議　総括 …………………鄭 　 舜 　 日……167

　要旨（英文・ハングル）
　執筆者紹介
　翻訳者紹介

巻　頭　言

佛教大学学長

田 中 典 彦

　国際仏教文化学術会議は1973年に韓国の圓光大学校と日本の佛教大学との間ではじめて開催されて以来、両大学において隔年制でおこなわれてきました。実に40年以上にわたってこの学術交流が継続されてきたことに敬意を表したいと思います。これも、この間両校において本学術会議に理解を示され、熱心に取り組んでこられた方々のお蔭であると改めて御礼申し上げます。そして今回、韓国・圓光大学校において第23回国際仏教文化学術会議が開催され、意義深い大会であったとの報告をいただきました。

　さて先年100周年を迎えた佛教大学は、次の新たな100年に向かって「誓願」を立て、『佛大 Vision2022』を策定し、その具体化を目指して歩んでいるところであります。その中において、建学の理念である仏教精神に基づいて、今の時代に相応しい教育、研究を展開するための理念を「転識得智」（識を転じて智慧を得る）に定めたところであります。つまり、われわれが得てきた知識を人生のさまざまな場面において、今何をなすべきであるかを判断し、実行してゆける力、生きる力へと転換してゆくことこそが人間に求められていることであろうと考えるからであります。知識は生きる力へと転じられてこそ価値あるものとなるのです。

　学問といわれるものもまたそうです。それが単に真実を求め知り得た

というだけでは知識であるに止まって、人類の福祉に貢献しうるものにはなりません。知り、解明された真実知が社会に生きる人びとの上に施され、それらが人びとの生きる力となってこそ人間の学問ということになります。学術会議の意義は、それぞれ研究者が究めてきた真実知を互いに理解し、議論し、そして社会へ還元してゆく営みの一歩であるところにあり、まさに布施行というべきでありましょう。

今回の学術会議は「仏教と社会」というテーマでおこなわれました。時宜を得たものであります。ますます混沌とした世界を迎えつつあると思われる中、まさに人間が新たな生きる道を求めねばならない時代になっていくことでしょう。個として生きながら、しかも社会に生きる人間のさまざまな問題の解決の糸口を仏教に求めることができるのは、共通して仏教に基盤をもつ文化を有する両国の学者諸氏なのであり、そこから新しい時代に向かって人間の生きる道を提唱できるのも、国を超えた相互理解と共生の実現によることとなるでしょう。

本書は圓光大学校で開催された第23回国際仏教文化学術会議の成果として、基調講演ならびに研究発表を収めたものであります。現代社会の諸問題に対する仏教の役割等について韓国と日本の研究者の方々によって、多方面から議論されたものであります。この成果が現代社会に生きる人びとの上に何らかの示唆あるものとなることを念願いたします。

最後になりましたが、本書に貴重な稿をお寄せいただきました諸先生に心から感謝申し上げますとともに、この会議を成功裏に収められ、また本書の出版のためにご尽力いただきました、両国の関係者各位にあらためてお礼申し上げます。

刊行の御祝い

圓光大学校 總長

金　道　宗

　韓国の圓光大学校と日本の佛教大学は、1973年から40年以上に亘って学術交流を続けてきた姉妹校です。その間、両大学間の学生の交換教育や交流、教員の交換授業、国際仏教文化学術会議の開催などの交流事業は、両大学の発展はもちろん、社会的にも韓日両国の相互理解を深めることにおいて大きく貢献してきたと思います。

　国際仏教文化学術会議で論議してきた多様な主題の中には、「仏教の現代化方向」（第１回・第２回、1973・1974年）の問題を始め、「仏教と人間の問題」（第３回・第４回、1975・1976年）、「仏教と社会倫理」（第９回・第10回、1984・1986年）、「21世紀仏教の展望と課題」（第17回、2001年）、「現代社会の生命と霊性」（第20回、2007年）などがあります。このような議論は結局、今を生きている人びとに仏教が果たすべき役割を具体的に探して、それを実践する方法を提言するものであったと思います。つまり、仏教精神や圓仏教の精神を建学の理念としている両大学のアイデンティティーを再確認しながらも、両大学がその精神を持ってこの世に貢献するための方法を共同発掘してきた作業であったともいえます。

　本書は、両大学が2014年に開催した第23回国際仏教文化学術会議の成果をまとめたもので、主題は「仏教と社会」です。中世や近世、または

近代の仏教者はいかに社会と向き合い、時代の波のなかで社会共同体にどのような役割を果たしてきたのか。また現代社会の中で仏教が個人に提供できるサービスの具体的な事例にはどのようなものがあり、生態社会のために仏教者として実践すべき理念とは何かなどの問題が論議されています。これらのテーマは、前述のように今までの国際仏教文化学術会議のなかで論議されてきた仏教の役割という問題意識を継承しつつ、今現在を生きる仏教者という自己認識に基づいていると思います。よりよい社会を造っていくための仏教者の提言であるともいえます。このような提言こそ、仏教精神と圓仏教精神を有する両大学が果たすべき社会的な役割かも知れません。

　最後に、圓光大学校と佛教大学の交流のために、今まで最善を尽くしてくださった両大学の先輩たちの精神を継承しながら、両大学の友好のために努力していらっしゃる佛教大学の皆様に深い感謝の意を申し上げます。また、本書の出版のために苦労した関係者の皆様や、貴重な論考を発表してくださった両大学の諸先生にもあらためてお礼を申し上げます。それから、本書ができるだけ多くの方々に読まれ、私たちの社会の発展に少しでも貢献できることをお祈りいたします。

仏教と社会

中世遁世者にみる自己と世間
——無住『雑談集』を中心に——

池 見 澄 隆

[要旨]「仏教と社会」というメイン・テーマは、仏教者・教団の、現実社会への活動のあるべき姿について、その提示を要請するものであろう。
　ところでわが国で仏教が最も盛んに行われた中世をはじめ、前近代全般において社会は「世間」とよばれ、自己を含む人間関係の環を意味してきた。
　一方、「世間」とは、元来「出世間」＝出家に対する仏教語であり、名聞・利養の巷とされてきた。出家はその世間を超出すべき存在であった。しかもここにとりあげる「遁世」者とは、再出家者ともいわれ、出家世界が現実に抱える世間性をも超えるべく志向した僧のタイプである。つまり僧侶でありつつ、比叡山や興福寺などの大寺に所属せず、僧侶としての立身出世を望まず、その意味で自由な境涯を生きる者をさす。院政期から鎌倉期をつうじての遁世の精神史のなかでも、ここでは尾張・長母寺に後半生を過し、多くの説話文学を著した無住（1226〜1312）をとりあげる。その述懐のなかに、世間との確執やあきらめのなかで身につけた知恵やその生きざまの意味を考えたい。

はしがき

「社会」とは、近代に西洋から輸入されたsocietyの訳語である。それは同じ時期に輸入された「個人」（individual）の自立や、個人の尊厳を前提とする人間集団をさす。それに対し日本では古来、社会に相当す

る語として「世間」が用いられてきた。世間とは、自己を含む、人間関係の環である。そこでは個々の人びとは、全体の進む方向に合わせることが求められる。全体の方向に反することが世間から非難されるのを恐れるのである。今日でさえも日本人は、一般に皆がそうするからそれに習うという行動パターンが、日本以外のアジアの人びとや欧米人に比べて甚だ顕著なのである。

　ところで平川彰の指摘によれば、世間（loka）とは元来、仏教用語であり仏教の立場＝出世間（lokuttara）からは否定されるべきものであった。『阿含経』に、世間を説明して「壊れるが故に、世間といわれる」と説くように、破壊が避けられないものを世間の本質と見なすのである。

　大乗仏教に説かれる正像末の三時という歴史観や、五濁悪世という世界観にも、この世は行きつまるもの、棄てられるものという考え方がある。これに対して仏教の理想である涅槃は、この世間から脱出したところに設定される。

　さて、日本仏教史の実態において、世間・出世間の問題は一定の変容をこうむっている。今、ここでの主題とする中世を念頭において言えば出家＝出世間者の生き方として、名利（名誉と利益）への執着が何よりも否定され、名利への執着を離れることが求められた。名利への執着とはもとより世間への執着である。次に掲げるのは無住『沙石集』の一節である。

　　　世ニシタガヘバ望ミアルニ似タリ。俗ニ背ケバ狂人ノ如シ。アナウ（憂）
　　　ノ世間ヤ。何ノ処ニカ此ノ身ヲカクサン。

　世間の道理に従って生きれば、世間に対する欲望（名利）があるかに見られる。さりとて世間の道理に反する生き方をすれば、狂人のように

思われるであろう。ああ、うっとおしい世間である。一体、どこにこの身を隠すべきところがあるのか――。

これは出世間者としての自己と世間との価値観のギャップのなかでの慨嘆であり、無住個人のものではなく、基本的には「行基菩薩遺誡」を出典とする類型的な文言である。しかもこれは『宝物集』をはじめ『方丈記』や『私聚百因縁集』などいくつもの鎌倉期の仏教文学作品に継承されているのである。

してみればこのような潮流はあたかも院政期から鎌倉期をつうじての「遁世」精神史の基軸として注目される。

遁世とは、ひとたび出家を遂げた者が、その寺院社会での世俗性を非とし、さらなる出家を遂げるべく大寺院から身を引き離す生き方であり、再出家・二重出家とも呼ばれる。

1　無住研究の視点

鎌倉後期の仏教説話作者として知られる無住（1226～1312）は、最晩年の著作『雑談集』のなかで、しばしば自己表明を試みている。自分のことを「遁世門ニ入リテ」（巻3「愚老述懐」）と語り、「二十七歳ノ時、住房ヲ律院ニナシテ、二十八歳ノ時、遁世ノ身ト成テ」と述懐している。さらにみずからの境涯や資質をかえりみて、「棄子」のように育ち「孤露ノ身」ゆえに遁世門に入ったが、愚鈍・粗略・無正躰にくわえて病体・晩学の身であるとくり返し、学問は大綱を知るに止まり、とりわけ戒律や坐禅の修行は「脚気」なる持病ゆえ怠りがちでモノにならなかったと告白する。あまつさえ生活環境としての貧窮ぶりを、尋常を超えた度合において強調するのである。これはいわば〈負〉の自画像である。ここに濃厚な自己非難の意識、とりわけ凡愚・劣弱の自覚を読みとることは容易である。問題は、その自己非難のより確かな意味内容であり、

負の自画像の造形要因である。そのような問題解明のためにはかれの生涯をつうじてその念頭を離れなかった、自身と自身をとりまく境界——世間——との関係をめぐる感覚の分析が有効・適切であろう。

　無住の思想を解明しようという場合、時代の高峰をなすメジャーな存在の思想家・宗教家（たとえば、一宗一派を創設した祖師など）の思想的営為を編年的に点綴して、その展開をたどるというようないわば教理史的立場から意義づけるのは適切ではない。また同時代のメジャーな存在の思想家との比較がなされる場合も、その比較の仕方が安易であれば、結果として無住に対する貶価を生じることは自明であり、これも有効でない。安易な比較とは、その思想の結晶度や体系性に関する彼我の落差をもって無住の限界を指摘する、といったような手法をさす。これは、無住がその著作中にしばしば言及する白楽天や老荘など、かれが論拠として博引傍証する多くの典籍類についても同断である。

　このことは、無住という当時にあっては宗教者として比較的にマイナーな存在であった人物と、メジャーな思想家を比較すること自体を非とするものではない。そうではなく、比較対象との差異をもって、むしろ無住自身の特色と捉え、積極的に意義づける必要がある。それは、無住によって代弁された多くの無名の遁世者群の類型的な思想と表現につながるものであろうし、その観点から評価すべきであると考える。

　このような理由で、本稿では無住をもって、時代のある個性をみるよりも、時代のある類型を発見することにつとめたい。

　ごく平凡な人びとの思惟や感性の一般的・日常的な傾向を「心性」（マンタリテ）というタームであらわし得るならば、本稿にいう「思想」は限りなくそれに近い。時代の表層にあらわれた、結晶度と体系性の高い、その意味で洗練された思想ではなく、時代の深層に息づく心性の鉱脈を発掘することをめざすという試みは、より長いスパンでみたとき、その鉱脈自体の

ゆるやかな変化とともに、究極的には日本の思想・文化に通底するものの発見にもつながるであろう。

このような方法意識こそ、無住『雑談集』を分析するうえでの必須の前提であると考える。

本稿での留意点をあげておきたい。

教学の面で無住は、独創的な研究者ではなく篤実ながら凡庸な学習者にとどまる。書き手としての無住の立場は、教説者として法語や説話の形で仏法を語る場合と、ひとりの僧、遁世者として自己の内面を吐露する場合のふたつに分かれる。ふたつの立場からの言説の根拠は、それぞれ「教学的理念」と「私的情念」というふうに区別でき、その両者は多くは乖離し、まれに交錯する。この点に鑑みて、ここでは両者の混同を極力避け、むしろ両者の乖離の意味をときには問い、基本的には後者に重点をおいて、心理的条件を重視しながら、できるかぎり微視的な分析を試みたい。

ちなみにフランスのアナール学派の批判的継承者と目されている二宮宏之は、旧来の研究が「人間をいかにも頭でっかちなものと捉えてきた」ことや「ひたすら知的な存在としての人間にのみ眼をむけて来た」ことへの反省から、人間を出発点として歴史を捉えなおすことを提言している。氏は、人間を「からだ」と「こころ」の複合体であるとみなし、ついでその前提上に形成される社会的ファクターを「きずな」もしくは「しがらみ」として捉える。これを基本視座とした歴史学の提唱であり、本稿もこれに拠る。

2　自己認識（イ）

『雑談集』の分析に先だってはじめに掲げたいのは、無住の著作のなかでも短編の法語集『妻鏡』の次の一節である。

愚僧が如なる蒙昧の族、慾に髪を剃り、衣を染めたるを以て、僧の名を借たれども、大小乗の律儀中に、一戒をも不守。権実二教中に、一宗をも不学。世俗貪愛の念は在家に斉しく、不信放逸心は闡堤にも過たり。

　かつて家永三郎はこれをもって、無住の思想——の一面——を「否定の論理」発達史上に位置づけた。日本における「否定の論理」が全面的開花を遂げたという中世での実態を叙するさい、法然・親鸞や貞慶・日蓮などの文言と並列的に採りあげたのである。たしかにこの引用をみるかぎり、それはたとえば法然の「わがごときは、すでに戒定慧の三学のうつわ物にあらず」と表明する自己認識や人間観と軌を一にするものとみることができる。検討すべきは、ここにみられる否定の論理が、はたして氏のいう「罪悪の絶対的不可避性の認証」というような、高次の徹底したものであったのかという点と、無住の思想の本質あるいは深層において「否定の論理」がみられるのか、という点である。

　無住における自己否定の論理は、『雑談集』にもみられなくはない。たとえば巻第3「乗戒緩急事」には、無住が28歳に遁世して以来、40歳までは修していた律学を、病気を理由に「懈怠ノ心」が生じるままに「薬酒晩餐」を用いるようになったこと、つまり持律の生活を廃捨したことを告白したうえで、次のような歌を詠んでいる。

　　我ハ是犬侍者ナリ〈宗〉、像ハ似テ非実故ニ〈因〉、猶シ如犬辛夷〈喩〉

　歌の意は、自分は「犬侍者」、つまり似而非なる侍者であり、形ばかりであって、内実をともなわない身であるから、あたかも犬辛夷（こぶ

しに似て非なる植物）のようなものだ、と自己の欺瞞性を衝くものである。つづけて次のような歌をも詠む。

　　猿似ナル木律僧ヲバハナレツヽ、犬侍者ニモナリニケルカナ

　木律僧、つまり修行者としていい加減な律僧としての立場を離れながら、現在の己を犬侍者なりとみつめているのである。
　ところがこの一連の文章は、これにつづいて次のような身近な体験談の披瀝となる。

　　先年、南都ノ或知音ノ僧房ニ宿シテ侍シニ、「薬ハナリ候カ」ト問ニ、「病者ニテタベ候也。飲ダニモワロキ事也。イカヾ妄語ヲセム」ト申シカバ、悦テ下人ニ隠シテ穏便ノ器物ニ入テスヽメ侍シ。此事ヲ知音ノ律僧ニ物語シタリケルニ、律僧ニホメラレテ侍リケル。カナラズ振舞ノヨクテホメラレタルニハアラズ。法ノヲキテヲ存ズル故ナルベシ。

　ここには不飲酒戒と不妄語戒のうち、前者を犠牲にして後者を守ったことがうかがわれるが、留意すべきは、前者を破ることに何ら罪を感じてはいないことであり、さらには不妄語戒という「法ノヲキテ」を存知していたことを他の知合いの律僧に「ホメラレ」たというが、その背景には、中世当時一般に行われ、無住自身も説話のテーマとしている「正直」なる世俗倫理の存在を想定する必要がありはしないか、という点である。仏戒よりも世間の倫理を優先させたとみられることをここに重視しておきたい。
　そこで次に、否定の論理を考えるさいのキータームともいうべき「罪

悪」「罪業」をめぐっての自己表明を見とどけておきたい。後に詳しく分析する巻第3「愚老述懐」には、長母寺（尾張）の住持として弟子たちの教育に携わるなかで、かれらの資質や意欲の低劣さに心を労し、嘆くくだりがある。

　　同法モ下部モ、仏法ヲ学シ行ジ侍レカシト思ヘドモ、心ニカナハヌ者ノミアリ。我身ノ昔ノ業因ノ果報ニテ、思様ナル同法・下部マレナリ。（『雑談集』（三弥井書店）119頁。以下これに同じ。）

　無住にとって、弟子や召使いの修学ぶりをみると、まことに不本意なものばかりである。しかしこれも「我身」の前世の「業因」の「果報」であり、自分としてはこれを受け入れるしか方法はないのである、といった口吻(こうふん)は、ついでより明確に自己の罪業を認めるにいたるかにみえる。

　　是人ノ過(とが)ニアラズ。只我罪業ノ故也。（119頁）

　これも他者の罪過ではなく、自分が前世において父母や師長に仕えなかったり、仏法を謗(そし)った報いなのであろう、とのべたあと、

　　人皆疎クナリテ、心ニカナハヌ事、只我過也。（120頁）

と自己の罪過をくり返し認める。しかしながら、その舌の根も乾かぬうちに、矛先は、

　　又人モ無情無慈悲方モアルベシ。（120頁）

— 16 —

と周囲の者の人情味がなく、慈悲心がないことへの批判に転ずるのである。自己非難が、格別の理由や根拠を何ら明示することなく、きわめて安易に他者非難に転換するあたりは、自己否定の論理の確立とはほど遠い、むしろ情念のゆらぎを指摘せざるをえない。

　総じて無住の罪業感は、説話の作品世界はともかく、作者自身の内面を吐露した文章としては、この域を出ないのである。

3　自己認識（ロ）

　次に掲げるのは、述懐（Ⅰ）と詠懐（Ⅱ）であり、内容的には世評への反発（A）と世評の受容（B）である。

〔Ⅰ-A〕
　　如形三学斉ク修之志有之。然ルニ身病体、心懈怠、有学無行。但シ如病導師、同法ヲ教訓可責ス。然ルニ不法ノ仁ハ多ク、如説ノ僧ハ少ナシ。此事凡夫ノ力不可及。然ルニ、或ハ親類ノ僧、同法・不法ハ、愚老ガ無教訓無正躰故カト思テ譏之。（106頁）

〔Ⅰ-A′〕
　　当寺（尾張・長母寺）ニ有因縁故歟。相通事四十三年、無縁ノ寺常絶煙、衣鉢・道具之外無資財蓄。世間ノ人ノ心ハ、非人ノ如ク思合ヘリ。（111頁）

〔Ⅰ-B〕
　　愚老当国ニ通事、及四十三年。人皆厭怠ノ思アルベシ。サレバ、逐年親近スル知音、在家・出家希也。尤モ可然事也。（120頁）

〔Ⅱ-A〕
　　貧キヲ、ナニカナゲカム、心アラバ、ステヽモ、カクゾ、アルベカリケル

ヨシヤゲニ、貧キ家ゾ、ヲノヅカラ、世ヲノガレタル、スマイナリ
　　ケル（115頁）
〔Ⅱ-B〕
　　マコトシキ、心ナケレド、マヅシサノ、恥カクシニゾ、世ヲノガレ
　　ヌル
　　世ヲスツル、形トミエテ、墨染ノ、袖ハマヅシキ、ハヂカクシカナ
　　（115頁）

　さてⅠ-Aは、弟子を教育するについて、弟子の資質の低劣さを嘆くなかで、そのような事情も知らずに無住自身の「無教訓」「無正躰」のためとみて、自分を護る「親類ノ僧」や「同法不法」に対する弁明である。ところが、じつはこれにつづけて、「此事誠ニ身ノ過難免」と、いったん世評を認め、受け容れているのである。しかもそのあと想を転じて、「但し聖僧ノ中ニ、猶有失。凡夫何無哉」と、自己を「凡夫」一般と捉えて、再度世評に反駁をくわえるという構図となっている。これは先引の「此事凡夫ノ力不可及」と重なり、そのくり返しであるが、ひとたびの受容は看過すべきではない。
　一方、Ⅰ-Bでは、尾張・長母寺に在住すること43年に及んだ自分に対して世間の人は、「厭怠ノ思」いを抱いているであろうことと、親近する知人や僧・俗が稀になったことをのべ、それも「尤モ可然事也」と明確に受け容れている。つまり、この若干例の短いフレーズのなかでも、無住は自分への世間の非難や侮蔑というまなざしに対して、単に「反駁」のみならず、反発と受容をくり返しているのである。してみれば、Ⅰ-A′の「世間ノ人ノ心ハ、非人ノ如ク思合ヘリ」も、貧なるわが境涯に対する世人の賤視への弁明や弁解というより、そう見られるのも無理はないというように、世間の眼で自己をみつめているふしがあり、その

意味でこれも世評の受容の言であるとみたほうがよい。このような世評に対する受容性の一面、ひいては自己表明の受動性は、やがて無住の自画像を点検するさいの最重要な留意事項となろう。

　次にⅡ-A（はじめの二首）は、他に比べていくらか積極的な主張であるといえる。ところがⅡ-B（あとの二首）については慎重な検討を要する。

　そもそも〈貧〉なる境涯について無住が過度に饒舌であることは、今日ではよく知られており、先学諸氏のさまざまに論及・関説するところであるが、その本格的な解明は未だしの感がある。

　「恥隠し」とは、人に見られて恥かしいところを覆い隠すためのものであるが、ここで貧しさの恥隠しとか、袖は貧しき恥隠しというように、貧窮という遁世者に通有の生活環境を、世間に対して恥じる意識が無住にはあること、言いかえれば、貧に対して、貶価を下す世俗的な価値観から、かれが完全には解放されてはおらず、脱却していなかったことが問題であり、これをまず重視すべきである。次に自分の遁世を「マコトシキ心」、つまり真実の道心もなく、世を捨つる形が内実をともなわないという表明であるが、これも世間の貧＝恥というまなざしを明らかに受容し、内在化させたうえでの自己非難であり、したがって、世間のまなざしに対する、自己表明の受動性に注目すべきであろう。

　こうしてみると、自己表明の受動性とともにⅠ-AとB、Ⅱ-AとBのあいだに、それぞれ価値感情のゆらぎを見出さざるを得ない。この場合、いずれがタテマエでいずれがホンネか、という問いかけは陳腐である。あえていえば、双方ともホンネだからでる。矛盾・対立するふたつの立場を行きつ戻りつするゆれ動く情念である。

　次の二首の検討に移ろう。

コトハリハ、サルベキコトヽ、思ヘドモ、身ノマヅシキモ、カナシ
カリケリ
　カヽルコソ、世ヲノガレタル形ヨト、思時コソ、身ノ貧サハナグサ
マレケリ（116頁）

　この二首は、これに先だつ「仏法ニ志アラム人、ワザトモ貧ナルベ
シ」、仏法を学ぶうえで貧という境涯は、「便宜ヲ得タル幸也。カナシト
バカリ思ベカラズ」「纔ノ夢ノ中ノ貧賤不可憂者歟」（以上115頁）とい
う教説者的なニュアンスの濃い一連の文章のあと、「タヾシ、サシアタ
リテハ、又無術カタモ侍ルニヤ」（116頁）と論旨を反転させた述懐につ
づくものである。したがって、上引の歌の身の貧しさを嘆き悲しみ、あ
るいはみずから慰めるという姿勢と、教訓的説示とが明白な落差をみせ
ていることは重要であり、ここにも価値感情のゆらぎを見出すことがで
きる。
　ことに、「コトハリハ、サルベキコトヽ、思ヘドモ……」とは、理論
的にはそのとおりであるが、自分の生活上の実感からすればカナシミの
種であり、慰めを必要とするという表明である。
　まさに無住自身は、対立・矛盾するふたつの価値基準のあいだを、ゆ
れ動いているのであり、それはさきの検討結果と同断である。したがっ
て、さきに用いたA・Bという記号をこれまでの論旨にそって上掲の2
首に付すならば、歌2首がBであり、これに先立つものとして、私に引
用した箇所がAとなることはいうまでもない。
　以上、世評への反発をAとし、世評の受容をBとして整理・検討をす
すめてきた。そこでA・B両様の立場について説明をくわえておこう。
　さきに私は、無住の思想表現が、教説者としての立場からの教学理念
を基本としたものと、ひとりの僧・遁世者としての立場から自分を語る

私的情念を基本としたものに分かれ、後者を中心にとりあげるといった。上述のＡ・Ｂは、いずれもこの私的情念のうちに含まれたふたつの方向である。端的にいえば、無住の私的情念の表白にＡ＝仏法的善悪（正邪）基準と、Ｂ＝世俗的優劣基準の二極があり、そのあいだをゆれるのである。ときにはＡの規範機能を盾に世評への「反駁」を試みるが、同時にＢの比較機能に身を委ねて世評を甘受し、あやうく平衡の回復につとめる。このような自我のありようをもって、二極の価値感情のあいだを揺曳する自我、漂泊する魂とよぶことができる。

ただし、私的情念のうち、Ａ＝仏法的善悪（正邪）基準にたつ言説は、私的情念の枠を超えて「教学的理念」にまで拡散する場合もある。言いかえれば、かれの自我が両者の境界を渡過するのである。さきの２首に先だつ教説者的なニュアンスの濃い、貧を正当化する論などはその例である。

批評というまなざしをめぐって、世間と無住のあいだに複雑な交錯がみられ、世間の眼をとおした自己批評の要素に気づくとき、無住の「負の自画像」の構成要素には、多分に世評そのものも含まれていることを考えさせるのである。世評を織り込んだ自画像の造形である。結論をいえば、脆弱な均衡をかろうじて保つべく自我が揺曳しているのである。

さて大隅和雄は無住に関して重要な論点をあげる（同『中世・歴史と文学のあいだ』）。自称や著書名をめぐって「愚」「塵」「芥」という文字を冠した謙称・謙辞の問題を、中世的な著者意識の成立とからめた所論である。『雑談集』とりわけ「愚老述懐」に頻出する「愚老」という自称に着目し、「作者が、不特定の読者に対して謙辞」を多用するのは、中世に入ってからであり、その例として、『愚昧記』『愚管記』『拾遺愚草』『愚管抄』『愚迷発心集』『魚魯愚鈔』をあげ、『沙石集』『雑談集』も例外ではないとする。

私見では、「愚」に代表される謙称・謙辞とは、一般に世間的優劣基準にたつ負の評価を自身に擬する、当時のモラルないしマナーであったと考える。したがって無住の自己表明をもって、世評をなかば受け容れた受動的な「自己非難」と解すれば、謙称・謙辞の多用と問題上のつながりが顕在化するのである。さきに検討した「罪悪」の自覚に比べれば、「凡愚」の自覚の方が、はるかに無住においては顕著である。また、そのような謙称・謙辞の根底の人間観として凡愚・劣弱の自覚を想定するのは荒唐ではなかろう。

　したがって、ここには法然や親鸞の人間観と一脈通じるものがある。もとより法然の「愚痴の法然房」（「つねに仰せられける御詞」）の自覚や、親鸞の「愚禿釈親鸞」（『教行信証』序）の自称にみる凡愚意識は、阿弥陀仏という絶対者と人間凡夫との関係における自覚であり、それに対して無住の場合は先述のとおり、世間的優劣基準に立つ自己への評価の内在化であって、同列に論じることができないのはいうまでもない。しかし、くり返すが、無住の負の自画像は、凡愚・劣弱の傾向が顕著である。してみれば、絶対的・相対的というちがいをみとめた上で、精神の相似形、ひいては時代精神の重要な側面の共有としてみることが要請されよう。

　では、以上のような思想を表明する自我にとっての準拠集団とは、いかなるものであったのだろうか。無住の世間観を次節にみていこう。

4　世間感覚（イ）

　無住の「世間」の用例には大別ふたつある。一つは、仏法の立場から批判の対象と捉える事例、いま一つは、人間関係とその範囲として捉える事例である。前者は、第三者的に世間を観察・論評するのであり、それに対して後者では、無住自身がその中に一員として含まれているので

ある。したがってこの差異は、対象としての世間そのものにもとづくのでなく、世間の捉え方、かかわり方の差異なのである。いわば前者は、自己を含まぬ「世間」論であり、後者は、自分を含む「世間」論である。ここでより重要なのは後者である。後者、自己を含む世間には、さらに広狭二義があり、広義では自著の読者（享受者）の範囲をさし、狭義では自分の住む長母寺および蓮華寺を拠点とした密接な人間関係とその範囲をさす。

　遁世者がいかに世間に関心があり、いかに世間への対処の仕方に腐心したかについては、従来、本格的には論じられてこなかった。ここでは無住が、世間との距離のとり方や折り合いのつけ方に生涯にわたって心を砕いていたことを考察したい。かれの私的情念の大半が、この問題に焦点をむすんでいたといえるからである。

　世間の名利に対する執着を否定するのは、仏教者の常である。無住も『沙石集』第十本（二）において——教説者の立場から——名聞への拘泥を次のように誡めている。

　　人ニソシラレテハ思ベシ。実ニ咎アル事ナラバ人ノ云所道理也。（中略）我ヲ讃トモ慢ズベカラズ。僅ノ徳ヲホムルニヨリテ、慢ヲ発ハ大ナル失ナリ。讃シタニハ謗アルベシト知テ、ヲゴル事ナク、弥身ヲ慎ムベシ。斯ル心ナラバ、ホムトモ謗トモ心動ズシテ、道ニ入ル志ヲ堅クスベシ。

　このように世間の毀誉褒貶に動揺するなかれと教訓を垂れる。しかしその無住自身が、自著『沙石集』そのものについては、みずから数次にわたる大幅な改訂を施しており、その主たる動機が自著に対する世評への過敏さにあることは、識語によって知られる。

○此書文字謬アリ、少々書入度事候マヽニ、七十ノ老眼ヲ拭テ悪筆ナガラ少々裏書仕候畢、（略）不意に草案ノマヽニテ洛陽披露、闇顕ニツケテ其憚多シ。（永仁三年十一月二十一日）（『沙石集』京大本、巻二、十七丁裏）
○此物語先年草案シテ未及清書之処、不慮ニ都鄙披露、（略）老耄之上病中散々タリ。（徳治三年五月二十一日）（『沙石集』神宮文庫本、巻四、二十七丁裏）

『雑談集』跋からは、これと同様の『沙石集』に対する世評への過度の関心のみならず、自分の属する「世間」に対して、終生まで並々ならぬ関心をよせていたことが知られる。

先年沙石集、病中ニヲカシゲニ書散シテ、不及再治シテ、世間ニ披露、讃毀相半歟。本意只愚俗ノ、仏法ノ結縁ヲ、存ズルバカリ也。本来智者ヲ、教導セント思フ心ナシ。（略）後哲察愚意、不可棄置。助成シ添削シテ、流通世間アラバ、黄壌ノ下ニテモ一笑、遠為法友。常ニ同行化者歟。（324頁）

死を目前に自覚した段階においてさえも、想いはこの世にあったことを如実に示している。この身が黄壌（あの世）に逝った場合においてさえも、想念はこの「世間」と世間における自著の流布や評価のありようをいたく顧慮していたのである。この場合の「世間」が、自著の享受者の範囲をさすことは明白である。自己に対する世評をめぐる、教学理念と私的情念の乖離をここにも見届けておこう。

さて『雑談集』「愚老述懐」はすでにふれたように、8000字ばかりの自伝・回想的な文章であった。87歳まで生きながらえた無住が、80歳前

後の時点で、生誕から現在までの人生を回顧し、自照をふまえながら総括しているのである。ながい生涯にわたる自伝的な文章の末尾は次のように結ばれている。

　仍テ同法・下部、今ハ定テ厭怠アラムト、心中思ナガラ、無道心ノ故ニ、世ヲモ打ステズシテ侍リ。仏ナラバ、心ニマカセテ入滅モサルベシ。拙ク思ナガラ、世ニマガヒ侍リ。顕ニ付ケ冥ニ付ケ恥ク思ヒ侍リ。（121頁）

　長母寺に住持としてつとめ始めて43年が経過した現段階で、周囲の弟子や召使たちの自分に対するうとましい視線を感じているのであり、しかも寺を出るわけにもいかず、釈尊ならば自分の意志で入滅することもできようが、それもかなわずに世間に交わっている。そのような不本意な生き方をかえりみて、顕界（この世）にあって世間からのまなざしに恥じ、冥界（あの世）からの照覧にも恥ずかしく思う次第である、という。ちなみに、これはさきにみた『沙石集』の識語（永仁三年十一月二十一日）「闇顕ニツケテ其憚多シ」と同似の表現である。
　世間からのまなざしに恥じること、つまり対世評的反応と、冥界からの照覧に恥じること、つまり対冥照的反応のふたつの恥がここにはみられる。その意味でこの文章はいわば、〈恥〉を起点とした回想・自伝なのである。そこで後者、対冥照的反応を「慚愧」の語で捉え、便宜上、「慚愧」をさきに検討しよう。
　じつは「慚愧」について無住は、『涅槃経』を論拠とした教学的解説をしばしば試みている。破戒の僧も心の中に「慚愧」の念をいだき、大乗の諸行をつとめるならば、犯戒とはいわず、罪障とはならないという趣旨である。

しかしながら、このような「慚愧」論は、あくまで教学理念にもとづく所論である。これに対して、かれの私的情念のレベルでの「慚愧」は次のように表明されている。

　　持律・座禅等ノ、調伏ノ行懈怠ナル、仏祖ノ教誡ニ違スベシ。此ノ事随分身ニ当テ、存知シナガラ、二事不専精。<u>冥顕ニ付テ、慚愧心無キニアラズト云ヘドモ</u>、八旬ノ老病ノ身心倦力弱シテ、行儀廃ハテ侍リ。只イタヅラニ、眠臥テ、坐禅スル事ナシ。(261頁)

　すなわち持律と座禅の二事を怠っているのは、仏祖の教誡に違反することを知っていながら、依然として専精に励むことはない。そのことを「冥顕」に対して慚愧する心が無いわけではないけれども、老と病によって修行は廃捨しているのであるという（ここでの表記としては、対世評・対冥照ともに「慚愧」とされているが、表記そのものに拘泥する必要はない）。留意すべきは、冥界に対する恥意識について、「無キニアラズト云ヘドモ」というように、きわめて不徹底であり、不十分にしかその意味と機能が発揮されていないという自覚である。そしてそのような自分を、

　　危脆ノ身ヲタスケムトシ、虚妄ノ心ヲホシキマヽニスル事、カナシク侍リ。(261頁)

と嘆ずるのである。
　要するに、無住の私的情念のレベルにおける対冥照的反応「慚愧」は、この程度にとどまるのであり、さきにみた『涅槃経』を論拠とする教学的立場からの明確な「慚愧」論との落差を確認しておきたい。

破戒をはじめ、修行の懈怠という仏法への違背行為を仏・菩薩ないし冥衆に恥じる慚愧が、私的情念においてはきわめて微弱であることを、世間への恥意識の熾烈さと比較して強調しておきたい。

5　世間感覚（ロ）──むすびにかえて──

対世評反応としての恥の発生条件はなんであろうか。一般には世間の優劣基準にたつ批評的なまなざしのもと、自己の劣位性が露呈することがあげられる。さらにはその世間的な基準が内在化して、いわば世間の眼で自分をみるときも同様である。

ここに世間の優劣基準にたつ批評とそれへの反応、言いかえれば〈世間と我〉の視点の重要性が浮び上ってこよう。

この場合の「世間」とは、さきに述べた自己を含む世間であり、そのなかでも狭義の長母寺および蓮華寺を拠点とした密接な人間関係とその範囲である。以下にその関連資料を列挙する。

① 「当寺ニ有因縁故歟。相通事四十三年、無縁ノ寺常絶煙、衣鉢・道具之外無資財蓄。世間ノ人ノ心ハ、非人ノ如ク思合ヘリ」（111頁）

② 「彼ノ所領ハ十万町トカヤ。当寺ハ只十町許也。事ノ外ニ劣レリ。（略）但シ乞食ニ似タリ。コレモ世間ノ人ノ思ニ、乞食トテ賤シク思ヘリ」（112〜3頁）

③ 「同法モ下部モ、仏法ヲ学シ行ジ侍レカシト思ヘドモ、心ニカナハヌ者ノミアリ。我身ノ昔ノ業因ノ果報ニテ、思様ナル同法・下部マレナリ。一向ナキマデハ侍ラズ。如形身タスクル同法・下部有ドモ、十分マデハ、イカヾアルベキ」（119頁）

④ 「人皆疎クナリテ、心ニカナハヌ事、只我過也。又人モ無情無慈悲方モアルベシ」（120頁）

⑤「愚老当国ニ通事、及四十三年。人皆厭怠ノ思アルベシ。サレバ、遂年親近スル知音、在家・出家希也。尤モ可然事也。但シ昔ノ因縁ニヤ、芳心人々サスガマヽニ是アリ。当国ノ因縁未尽歟」(120頁)

⑥「当寺ニ四十余年経過、因縁尽タルニヤ、万事心不留事ヲ詠之人ハ不和、寺ハ無縁ニ薪ナシ、木ガサキニコソ、コリハテニケリ」(152頁)

⑦「律儀依病廃ル故ニ、律僧ハ戒行疎ナル事ヲ見テ、邪見放逸者ト思テ、不相親近。但有心律僧ハ、強ニ不悪。禅僧ハ教者ト思下シテ不愛。名僧ハ遁世ノ者トテ、思下シテ疎ク思ヘリ。仍知音尤トモ希也。同心ナル人甚少シ」(74〜5頁)

ⓐ「イカニアラムトスレドモ、心ニカナハヌハ、世間ノナラヒ也。古人ノ申サレシハ、「人ノ心モ我心ニマカセントスレバ、都テサル事ナシ。只人ノ心ニマカセ、所ニマカスレバ、イカナル人ニモソハレ、イカナル所ニモアラルヽ」ト。イミジキ詞也。

世ノ中ハ、アルニマカセテ、アラレケリ、アラムトスレバ、アラレザリケリ

ヨシサラバ、物ヲ心ニ、マカセジヨ、心ヲ物ニ、ウチマカセツヽ

心ヲバ、水ノ如ニ、モチナシテ、方ト円トヲ、物ニマカセン

ツナガザル、船ノ如ニ、身ヲナシテ、西モ東モ、風ニマカセン」(120〜121頁)

ⓑ「万事世間任運アルベキ心地ノ述懐

我身ヲバ、ツナガヌ船ニ、ナシハテヽ、西モ東モ、風ニマカセム

心ヲバ、水ノゴトクニ、モチナシテ、方ト円トヲ、物ニマカセム

我身ナヲ、我ガ思フニモ、カナハヌニ、人ヲ心ニマカスベシヤハ

ヨシサラバ、物ヲ心ニ、マカセジヨ、心ヲ物ニ、ウチマカセツヽ」(151頁)

①〜⑥までは、長母寺や蓮華寺を中心とした人間関係のなかでの、無住にとって不本意・不都合な状況についての述懐であり、しかもそのような状況を基本的に受容している。⑦は僧侶世界での違和感を表明している。

　寺院生活者にとって寺院は、小さいながらも自我を支える最後の拠点である。自己を主張する場合、つねにこの拠り所とするに足る所属集団を必要とする。無住の場合、その所属集団はきわめて不本意な脆弱なものでしかなく、いきおい、能動的に主張する存在であるよりも受動的に見られる存在となりやすい一要因がここにあったと考えられる。そこでかれの「処世」は結局、与えられた状況のなかに自己をいかに漂わせるか、という点に落ちつく。末尾にあげたⓐとⓑがそれを物語っている。

　以上のように無住の語るところ、その生きざまには、近代人の尊重する、「社会」への積極的、能動的な働きかけは皆無である。まさに無住自身は、対立・矛盾するふたつの価値感情のあいだをゆれ動くのである。より詳しくいえば、教学的理念と私的情念、さらには仏法的善悪基準と世間的優劣基準の二極のあいだをゆれるのである。これは価値基準の二重性を示すものであろう。

　まことに無住は、近代主義者からは唾棄されるのであろう価値の二重基準をもっておのれのスタンスとしたのである。しかし、対立や矛盾を融和させようとする心性は、却って近代主義の限界を告知するのではあるまいか。脆弱なる自己像や心に染まぬ世間像の描出は、読者（受容者）に対して、むしろ共感とやすらぎを与えたであろう。そこにこそ、遁世者、無住の社会的存在意義を見出すことができる。

【引用原典】
山田昭全・三木紀人校訂『雑談集』（三弥井書店、1973年）

『沙石集』（日本古典文学大系・京大本・神宮文庫本）

【参考文献】
平川　彰「仏教教団と社会のかかわりあい」（『日本佛教学会年報――仏教と社会の諸問題――』35号、1969年）
阿部謹也『「世間」とは何か』、同『「教養」とは何か』（いずれも講談社現代新書、1995年、1997年）
二宮宏之「参照系としてのからだとこころ――歴史人類学試論――」（『社会史研究』8号、1988年）
家永三郎『日本思想史に於ける否定の論理の発達』（新泉社、1969年　初出は弘文堂書房より1940年）
池見澄隆「無住『雑談集』分析の一視点」（『佛教史学研究』42巻2号、1999年）のち拙著『慚愧の精神史――もうひとつの恥の構造と展開――』（思文閣出版、2004年）に再収
大隅和雄『中世――歴史と文学のあいだ――』（吉川弘文館、1993年）
同『日本の中世2　信心の世界、遁世者の心』（中央公論新社、2002年）
池見澄隆編著『冥顕論――日本人の精神史――』（法藏館、2012年）

現代社会における宗教の一役割
―― 仏教のマインドフルネス瞑想の心理治療的作用を中心に――
⁽¹⁾

韓 乃 彰

[要旨] 現代社会における宗教の役割は、政治・経済・社会の核心的価値、あるいは代案価値を提供したり、その実現のために努力することであるとみる場合が多い。しかし、筆者はこのような役割期待は、西欧キリスト教の影響であると思う。過去に政治権力を掌握しながら人びとの生活にまで関与し、公的／私的に強い力を発揮した宗教文化の影響が、宗教に対するこのような役割期待を創り出した。これに反して仏教は、宗教文化を人びとに強要するために権力的手段を使わなかった。それ故、自分たちの考えを貫くために暴力的な手段を動員する必要もなかった。このような伝統が平和的な自己省察文化を創り出したと思う。これに基づいて多用な修行方法を開発してきた。このような修行法は、内部からの革命を通じた変革である。そして、暴力と葛藤をともなわない。これが真の宗教修行の役割ではなかろうか。筆者が西欧において人気を集めているマインドフルネス瞑想（mindfulness meditation）に注目する理由もここにある。

序 論

人びとの宗教に対する志向には二つある。一つは、宗教を人生の手段として見なして接近することであり、もう一つは、宗教を人生の目的として見なして接近することである。[2] だいたい、東アジアの宗教は前者にあたり、アブラハム宗教（ユダヤ教・キリスト教・イスラム教）は後者

にあたるといえる。この差の原因は、各宗教が対面してきた歴史的な状況と無関係ではない。前者の宗教は、政治権力を掌握しなかったので、伝統的にその役割もかなり制限的で素朴なものであった。一方、後者の宗教は過去に政治権力を掌握し、社会全般に対して強い統制力を持っており、多様な社会的問題の解決に対してその役割を期待されてきたのである。

　韓国の2005年度の人口住宅センサス資料によると、全人口の53.3％が宗教信仰を持っていると答えた。しかし、"人生の中でもっとも重要なもの"、または"人生の中で二番目に重要なもの"として"宗教"を選んだのは2.8％に過ぎなかった。これは、宗教を人生の目的として考えるより、手段として考える宗教的志向が反映された結果であるといえる。[3] 現実的に韓国社会における宗教は、生活の過程の中で経験する難しい問題を解釈し、心理的な支え（social & psychological support）を提供してくれる組織に過ぎない。宗教は、人びとにアドバイスや慰問、激励をする'素朴な役割'を担っているのである。したがって宗教の社会的な役割は、かなり制限的であるといえる。それで、かなり熱情的な信仰を持っているにもかかわらず、宗教を自分の人生でもっとも、または二番目に重要な要素として見なさないのである。

　しかし、西欧のキリスト教文化圏では、宗教が政治と結合して全方位的に人びとの生活に深く介入した歴史を持つ（少なくともAD800年以後からBC1500年代初半までは）。宗教は権力の頂点に君臨しながら、人びとの生活をそのまま宗教的領域に引き入れて強い影響力を及ぼしてきた。宗教は人びとの霊的な生活を支配しただけではなく、世俗的な生活のすべての側面において深く介入したのである。しかし、近代社会に入ると西欧社会において宗教は私的領域として見なされるようになる。宗教は次第に制度圏の外において、個人に社会・心理的次元を提供し、

権力に対する牽制（対抗）勢力として位置するようになる。それにもかかわらず西欧社会では、いまだ宗教の目的的接近は宗教に多様な社会的役割を期待している。本研究では、まず簡略に現代社会における宗教に対する多様な役割の期待について述べ、(4)手段的接近としての仏教の一社会的役割について焦点をあわせて述べてみたいと思う。

1　社会の宗教に対する役割期待

　まず、この節ではアメリカ社会の一調査研究を検討しながら、社会の宗教に対する役割期待を考えてみよう。そして、韓国社会のジャーナル（新聞）に掲載された宗教関連記事を分析した研究を通して、韓国社会の宗教に対する役割期待を整理してみたいと思う。

　ブラーシ（A. Blasi）の経験的調査研究によると、現代アメリカ社会において教会は制度圏の外の領域で個人に多様な霊的・物的・心理的な福利（welfare & well-being）を提供している。たとえば、彼が調査したアメリカのテネシー州のナッシュビル（Nashville）の教会では、お年寄りの慰労訪問、娯楽、旅行、食事、趣味生活、教養・情報講座、ボランティア、物々交換の仲介、法律的サポート、交流サービス、葬儀、医療機器の導入・レンタルおよび看病など、数えきれないほどの多様なサービスを提供している。それに、青少年や中高年層の信者に提供する多様な霊的・社会的・心理的なサービスまでを合わせると、そのサービスの種類は、個人の生活に必要なほぼすべての領域を含んでいるといっても過言ではない。

　ここで宗教は、単に霊的なアドバイスや支援を担っている組織ではなく、人の生活を全方位的に支援する社会制度である。このような役割期待は、西欧宗教的文化では当然のことである。キリスト教は、子供の出産から成長、結婚、養育、職業、死にいたるまでの一生涯の過程に介入

している。これは過去の伝統的社会において、政治権力をもっていた宗教に対して与えられた社会的役割期待の典型的な姿であり、そのような伝統がいまだその痕跡を維持している結果であるともいえる。

　一方、宗教を人生の手段と見なす東アジア文明では話が異なる。宗教は、人生の過程の中で起きる不可抗力的な現状を説明し、幸福を祈願する役割に焦点が合わせられている。個人の人生において部分的な役割だけを担当しているのである。道徳的な生活の原理と原則、望ましい生き方の方向を提示することが宗教の役割である。社会的な理念の方向を提示したり、集合的な社会運動を主導する政治社会的な役割は宗教ではなく政治権力の役割であった。さらに、個人の福祉に関しても宗教の役割ではなかった。

　しかし、西欧の宗教（キリスト教）が流入してから宗教文化が変わる。全方位的な役割が宗教に期待されているのである。メンバーシップ宗教としての信者を忠誠ある構成員として維持するには、満足できるサービスを提供する必要性があったのである。キリスト教の中でも生存のために教会同士が信者獲得をめぐる熾烈な競争をしている状況の中で、今やそのようなサービス競争はやむを得ないものかも知れない。政治社会の民主主義のような対社会的な名分競争においても優位を占めなければならないし、各種の福祉サービスにおいても他の宗教や教会より優越したサービスを提供するために、教会同士が熾烈に競争しているのである。

　このような事情で韓国において宗教の役割は、かなり包括的に拡大されている状態である。宗教に対する役割期待に西欧宗教的な観念がそのまま投射されている状況であるといえる。韓国の大韓仏教曹溪宗の仏教社会研究所が実施した全国成人男女標本調査や新聞の記事の内容はこのような状況をよく反映している。

　2014年度、仏教社会研究所は、全国の成人男女を対象に標本調査（多

段階集落標集：multi-stage cluster area sampling）を実施した（標本：1,500名）。選択肢が決められて構造化されたアンケート（structured questionnaire）を使用し、調査者は宗教に対する役割期待（"社会が宗教に期待する役割"）について選択肢を提示して、応答者がチェックする形式にした。

　ブラーシの研究は開放的な質問であったので多様な活動が捕捉されたが、韓国の仏教社会研究所が用意したアンケートは構造化された閉鎖型設問（structured questionnaire）であり、前もって与えられた選択項目に応答するよう、宗教に対する役割期待を調査者がすでに設定している。仏教社会研究所が提示した選択肢は、①苦痛や悲しみ、挫折に対する慰労、②生きていく理由の意味づけ、③人と人の対立や葛藤の解消、④健康、成功などの社会問題の解決、⑤理想的な社会相の提示と具現、⑥解脱または霊性の追求などである。調査者はすでに、①慰労と②意味づけ、そして⑥解脱または霊性の追求のほかに、各種の社会問題の解決を宗教に期待しているのである。これは、韓国社会に西欧文化的な考えがすでに深く根付いていることを示唆する一つの結果であるといえる。応答者の68.2％が慰労と意味づけ、そして解脱と霊性追求を宗教の役割として期待しており、応答者の31.0％は葛藤解消、世俗的価値の実現、社会問題の解決、理想社会の具現を宗教の重要な役割と見ている。

　韓国における宗教の役割期待について考察しているもう一つの研究は、新聞の紙面で扱われた記事やコラムなどの分析である。1990年代の韓国のジャーナルに現れた宗教に対する役割期待は、前に言及した拡大された宗教の役割期待の様子をよく現している[6]。パク・ジンギュウの分析によると、韓国の＜朝鮮日報＞と＜ハンギョレ新聞＞にみられる宗教関連記事は、17つの項目を含んでいる。その中で宗教に対する役割期待に関する部分だけを選んで再整理してみると次のようになる。①個人の幸福

と満足、②生の究極的な意味規定、③社会正義／社会参加、④社会平和／和合、⑤奉仕／分かち合い、⑥伝統／文化継承、⑦生命／環境運動、⑧成長／物質主義批判、⑨排他性の批判、⑩時代的変化を促すことなどがそれである。かなり幅広い役割を宗教に期待していることがわかる。

　伝統的に'個人の幸福と満足'や'奉仕と分かち合い'、'生の究極的な意味規定'などの項目は宗教の固有領域であるといってよいだろうが、なぜ宗教が社会正義と社会参加をしなければならないのか、なぜ伝統文化の継承も媒介しなければならないのか、なぜ生命／環境運動の堡塁にならなければならないのかについての合理的な説得は事実上ない[7]。ただ、社会的に重要な価値の領域であり、政治・経済権力によって抑制されている部分であるから社会の非制度的権力としての宗教にその役割を期待しているのかも知れない。政治経済の権力を掌握し、そのような役割を果たして来た西欧宗教は、このような役割期待に応じてきたが、韓国の伝統宗教はそうではなかった。現代社会に入って西欧文明が入ってきてからこのような宗教に対する役割期待が導入され、伝統宗教にもその期待が寄せられたといえよう。

　筆者は、宗教の固有の役割は人の苦痛の問題を解決することにあると考える[8]。特にココロの苦痛の問題である。キリスト教は霊性の救援と社会問題の解決を通してこの問題を解決しようとしたが、仏教などは修行を通して苦痛を解決しようとした。

　このような意味で筆者は、現代アメリカとヨーロッパで静かに拡散している仏教のマインドフルネス瞑想法による心理治療の役割に注目する。現代社会に入ってから心理的に多くの苦痛を受けている人びとに、瞑想法を通して治癒の効果をもたらしている点は、宗教の最も固有な役割であり、その副作用も（宗教の権力化を通して）またほとんどないからである。それで、心理治療の第三世代を導きながら、画期的な役割をして

いるマインドフルネス瞑想に注目したい。これが宗教の真の社会的役割ではないかと考える。

2　MBSRの登場と仏教の社会的役割

(1)　MBSRの登場と心理治療の第三世代

　このプログラムは、1979年アメリカのマサチューセッツ工科大学のジョン・カバッジンが、慢性疼痛患者の疼痛によるストレスを減らすために開発した。プログラムの中心要素は、マインドフルネス瞑想法（mindfulness meditation）である。マインドフルネスを通じて'気づき'または覚醒（気づいている：mindfulness）状態を維持して問題を真正面から直視し、それに気づいて受容することで問題を克服しようとする集団プログラムである。毎週、2時間から2時間半ずつ、8回から10回（週）行い、その間に一日の集中瞑想の回を設ける。韓国でもこのプログラムが導入され、多くの（臨床）心理学者が心・身の多様な症状の改善のために活用している。適用している症状もかなり広範囲にわたる。(ⅰ)頭痛、筋骨格系の痛症、生理前症候群、機能性消化不良、過敏性大腸症候群などの身体的な問題、(ⅱ)憂鬱、不安、外傷後ストレス、反芻症、自我尊重感の低下、心理的安寧感の低下、自殺思考などの心理的な問題、(ⅲ)そして人生の質や福利のような総合的な問題などがある。またジョン・ヒョンガプを中心に韓国型MBSR（K-MBSR）が開発されて多くの現場で活用されている。

　MBSRによって促された瞑想の心理治療の適用は、心理治療の'第三世代'と呼ばれる段階を導いた。心理治療は、第一世代の行動治療、第二世代の認知行動治療をへて、現在は第三世代と呼ばれる段階にいたっている。

　行動治療は行動主義の基本原理、古典的な条件化の原理に基づいて、

'現れる行動（over behavior）'の更正に焦点が合わせられている$^{(11)}$。すなわち、操作的な条件形成の原理に基づいて$^{(12)}$、不適用的な行動を適用的行動に変えるという努力なのである$^{(13)}$。行動主義は、科学的に確立された理論と実証的な検証を強調したので、緩やかな行動治療が臨床的になることに対してはやや批判的である。それにも関わらず行動治療は、直接的に問題行動と情緒に焦点を合わせ、人間が生きている中で何を求めるかを喚起させることにおいて大きな役割を果たしたと評価できる$^{(14)}$。行動治療はやや理論的・方法論的な難しさがあるものの、第二世代の認知行動治療に結合されて現在の心理治療の伝統を形成している。

認知行動治療は、問題行動を治療するためにまず非合理的な考えや病理的な認知図式を形成し、問題行動の根底に作動している認知構図を把握しなければならないと見ている。すなわち、問題行動は非合理的な考え、病理的認知図式、あるいは間違った情報処理に基づいているため、その治療はそれらを発見して修正、または除去することである$^{(15)}$。換言すれば、非合理的で非適応的な認知を合理的で適応的な認知に変えようとする。それで多様な問題行動の底辺に作動している非合理的・不適応的な認知を更正し、心理的な問題を改善（治療）しようとする努力なのである$^{(16)}$。このような接近は、基本的に行動治療を継承し、その基盤の上に立っているので認知行動治療という。

今日、心理治療の一つの支流は、認知行動治療の基盤の上に治療の技術として仏教の瞑想法を導入している。これを第三の流れ、または第三世代と呼んでいる$^{(17)}$。基本的には、このような接近は今までの認知行動治療的な接近を共有しながら、マインドフルネス瞑想法（mindfulness meditation）を導入して心理問題を解決しようとするものであるといえる。心理治療の第三世代は、認知行動治療の逆説効果を解決するための接近であるといえる$^{(18)}$$^{(19)}$。経験をそのまま正面から直視して見つめることで、

意識の表面に露出させることが、治療により効果的であるという事実が認識されて、マインドフルネス瞑想法は脚光を集めている[20]。このように心理治療の第三の流れは、心理学の行動治療から認知行動治療に続く伝統を継承しながら、その土台の上に治療の技術として仏教のマインドフルネス瞑想法を導入し繋ぎあわせたものである。

（２）　マインドフルネスの定義

　マインドフルネスは、サティー（sati）の翻訳語として、ヴィパッサナー瞑想（vipassana meditation）または通察瞑想（insight meditation）とも呼ばれる仏教の修行法の一つである。マインドフルネスとは、（ⅰ）現在の瞬間の経験に対する非判断的な‘気づき’を得るための方法（method of mind practice）でありながら、同時に（ⅱ）その方法によって得られた心の状態（state of mind=mindfulness）を指している概念であるといえる。このようなマインドフルネスは、（１）対象：四念処（身、ココロ、感じ、法）から起こる‘現在の経験’を、（２）方法：‘そのまま／ありのまま’、‘非判断的／非思弁的’に、そして意図的に‘（純粋な）注意’を配って‘観察’し（attention）[21]、（３）結果：‘気づく（awareness）’方法でありながら‘結果’であるといえる[22]。

　（１）対象（現在経験）：心理治療で人びとの心理・情緒的な問題は（ⅰ）過去の否定的な記憶に対する反芻（rumination）・執着と、（ⅱ）未来に対する不安からくるものであるとみる[23]。たとえば、憂鬱症を持っている人は、過去の否定的な経験を反芻して、みずから苦しむ傾向が多い[24]。それでマインドフルネス瞑想では、‘今、現在、ここで起こる考え’に集中しながら、呼吸し、歩き、周辺の音や形などに気づくことで過去に戻って反芻することを防ぐ[25]。マインドフルネス瞑想が持っている非判断

な注意と脱中心的・メタ認知的な観点が反芻的な思考のパターンを減少・克服できるようにする。そして、観察の対象を前もって固定せず、いまの瞬間の経験に集中させることで、先入観や固定観念のような認識の枠に捉われないようにする。それによって自我または考えの実体的な観点から出て、無常と無我の通察を得るようになり、省察力の増加によって自動的・習慣的な反応を制御・統制できる力を得るようになるのである。

　（２）方法（非判断・純粋な注意）：マインドフルネスの二つ目の核心要素は、'非判断的注意'であるが、マインドフルネスにおいて注意は二つの意味を持っている。（ⅰ）メタ認知と、（ⅱ）'非判断的注意'がそれである。メタ認知とは、体験自我と観察自我を分離させ、認知している主体を客体化することを観すること（観心）をいう。すなわち、対象に反応している心（体験自我）を自分（観察自我）が観していることをいうのである。このようになると、内外の刺激に対して自動的に反応する自動操縦の様式が受動に転換され、思考や情緒などにみずから気づき、統制・調節できる能力を備えるようになる。

　そして、一般的な注意は自我の観点を持って事物に接近している反面、非判断的な'注意'は、心の現象を主観と先入観から離し、判断・比較・評価・分析・推論をせず、'ありのままに（as it is）'見つめることをいう。すなわち、分別心から離れ、意図や目的を介入させず、自分の認識の枠に執着せず、認知と動機、欲望などから離れ、一歩下がって経験の内容（心の現状）をありのままに見つめることである。これは、習慣的・自動的な思考方式・反応パターンから離れるようにして、否定的な経験に習慣的に反応していた自分を調節・統制できる能力を持つようにし、自分の経験を主体性の核心としてみるよりは、距離を持って非判断的・客観的にみるようにして、感情反応から自由を得るようにするこ

とである。また、思考や感情を回避・抑圧せず、ありのままにみるようにすることで心理的問題に対してやや鈍感になり（脱敏感化）⁽⁴⁰⁾、心理治療の効果を見せるのである。

（３）結果（気づき・通察）：'マインドフルネスが独特な方式の注意であるとすれば、＜気づき＞はこの注意の結果である'⁽⁴¹⁾。上位認知的な技術を持って、現在の経験（心の現状）を先入観と分別心のない状態でありのままに観察して、その結果として得られる通察が'気づき'なのである⁽⁴²⁾。気づきの対象は、四念処（身、心、感覚、法）を中心とするが、特に'身の動きに対する気づきを根幹にして、感じ、思考、欲求、動機、欲望、感情などの心の現象'へ向かう⁽⁴³⁾。この中には考え（思考）のように意識の表面に浮かんでいて簡単に捕捉できるものもあれば、欲望や欲求、感情などのように微妙に作動して、長い修練をしなければ察知しにくいものも多い。マインドフルネスの注意は、このように意識の底辺に作動しながら、無意識の世界に繋がっているものまでを察知して気づくようにすることで、自分と世界に対する通察を得るようにし⁽⁴⁴⁾、さらに調節の基礎を築いてくれるのである⁽⁴⁵⁾。

特にマインドフルネスの気づきは（ⅰ）上位認知、脱中心化、距離を置くなどの技術を使い、（ⅱ）'心理的防衛や欲望の方に傾かず'、'回避や自動的な思考'に落ちないで、比較・分析・判断・推論を介入させず、開放的で融通性を持ってありのままに気づくことに目的がある⁽⁴⁶⁾。すなわち、判断を通じて可能性を評価し、回避や抑圧、または防衛機制を作動してそれを変化させようとする目的を持たないで⁽⁴⁷⁾、ありのままを直視して受容し、流し出す⁽⁴⁸⁾。考えを持って自我正体性を構成せず、無常と無我の本質を体得し、宇宙に対する通察をえて欲望や苦悩から離れようとするのが気づきの究極的な目標であるといえる⁽⁴⁹⁾。それでマインドフルネスの気づきは、開放的で受容的な通察の特徴を持つ⁽⁵⁰⁾。

ほとんどの人は経験的な刺激に対して自動モードに反応する[51]。与えられた刺激に対して長い間に習慣化された認識の枠が作動して反応するのである。このような刺激と反応は、よく組織されており、形どられていて気づかないうちに、ただ作動する。まるで呼吸に気づかなくても自動的に息をするようなことである。呼吸が私たちの認識の統制の外で自然に、習慣的に働いているように、私たちの心も同じく、認識しない状態で自然に働いている。マインドフルネスは、呼吸を私たちの認識世界に引き込み、気づきながら調節・統制するように、心の作用を認識の世界に引き込み、細密に観察して気づこうとすることである。そのようにするためには、自動的に作動する行為者としての心と、観察して見つめる観察者としての心が分離しなければならない[52]。それで後者の観する状態（観心）を維持しなければならない。これを、気づき、悟っている心、観心、執心、一心、有念などの概念で説明した。

（3）　マインドフルネス瞑想

　瞑想には大きく分けて集中瞑想と通察瞑想の二つの方法がある。集中的な注意（Focused Attention）は開放的な観察（Open Monitoring）と呼ぶこともある[53]。集中瞑想は、ある一つの対象に注意を集中することで（注意を特定の対象（たとえばよく対象にするのが呼吸）に閉鎖的に限定）、警戒と志向の機能を強化させる。そして、その結果として心の平静／静かさ・平和を追求する瞑想法である[54]。集中瞑想は、心の彷徨と分散因を探し出して、分散要因に奪われた注意を新たに選択対象に戻して平静を維持しようと努力する[55]。しかし、この瞑想法は心の平静を育むには有効であるが、煩雑な現実のなかでその平静心を維持するには限界があるという意見も多い[56]。それで、心理治療などでは通察瞑想の基礎、または前段階として見なしたり、または通察瞑想に含まれていると見な

したりもする。

　一方、マインドフルネス瞑想（通察瞑想）は、持続的に変化する対象に開放的に注意を集中する瞑想法である。内外のすべての刺激、時々刻々と近づくすべての対象（境界）に心を開いて非判断的な注意（nonjudgmental attention to the present 'as it is'）を持って観察して気づく（aware）ことに焦点をおいているのである。通察瞑想の核心要素は、注意（attention）と気づきである。その結果、自分と世界に対する正しい認識、通察を得るようになる。この瞑想法は、志向機能より執行的調節機能の活性化に寄与する。また、通察瞑想は、焦点を観察対象に置くよりは、観察状態を維持すること、すなわち観察力量の強化に置く。観察力量は、最初は努力を通じて、経験から起こるものに毎瞬間注意を集中することで増進するが、修練が進展すると、'掴まなくてもよい状態（non-grasping state）'、'努力なしに自然に（effortless）'できる状態にいたる。このような通察瞑想が心理治療で選ばれているのは、（ⅰ）抑圧と回避の逆説を克服する方法であるという点と、（ⅱ）気づきを通じて心理的な自動操縦装置（auto-pilot）を制御できる能力を確保してくれるからであるといえる。（ⅲ）そして瞑想を通して、自我と世界の実状に対する通察を得ることで心理的な柔軟性を育むことが有効であるからだと考える。マインドフルネスはマインドフルネス瞑想を通して育てられる。

（4）　マインドフルネス瞑想に基づく心理治療プログラム

　マインドフルネス瞑想を利用した心理治療プログラムは多様である。しかしここでは、その中で代表的な四つのプログラムを紹介しよう。それは MBSR（Mindfulness-Based Stress Reduction）、MBCT（Mindfulness-Based Congnitive Therapy）、ACT（Acceptance-Commitment

Therapy)、DBT（Dialectical Behavior Therapy）である。

　第一に、前述したマインドフルネス瞑想に基づいたストレス減少法（MBSR）である。マインドフルネスを通して気づきあるいは覚醒（気づいている：mindfulness）の状態を維持して問題を真正面から直視して、受容することによって問題を克服しようとする集団プログラムである。[61]

　第二に、マインドフルネスに基づいた認知治療（MBCT）は、2002年前後に、シガル、ウィリアムズ、ティーズデール（Segal, Williams & Teasdale）によって開発されたもので、MBSRに認知行動的治療を結合させたものである。[62]つまり、マインドフルネスに基づきながら、その上に'距離を置く'、'脱中心化'、'メタ認知'などの技術を結合させることで、治療の逆機能的信念（認知）の内容ではなく、そのような認知に対する観点を転換させる治療法である。[63]自分の考えに対して、距離を置きながら見つめるようにして、考えが事実ではないこと（脱融合）に気づくようにする。それで、考えに執着しないでそれをのりこえるようにする。このためにマインドフルネス瞑想法が活用されている。憂鬱症を治療するために開発されたプログラムで、特に三回以上の憂鬱症を経験した人に効果が高いと報告されている。[64]現在は、憂鬱症のみならず、両極性障害、自殺、暴食、インターネット中毒などにも適用されている。[65]

　第三に、受容・専念治療（ACT）は、ヘイズ、ストロサル、ウィルソン（Hayes, Strosahl & Wilson）らが、1999年頃に開発した心理治療プログラムである。マインドフルネス瞑想を基本にしたプログラムであるが、厳密にいうとマインドフルネス瞑想の要素を活用したプログラムといえる。MBSRとMBCTがマインドフルネスに基づいた存在様式（being mode）であるとすれば、ACTはマインドフルネス的要素を活用して、価値・没入を積極的に追求する行動様式（doing mode）も含んでいる。このモデルは心理的病理モデルを設定し、（１）マインドフル

ネスと（2）受容過程という認知的転換と没入および行動変化過程という積極的な行為を通じてこのような病理を克服し、心理的な柔軟性を高めようとする。マインドフルネスと受容過程は、（ⅰ）認知的な脱融合と、（ⅱ）受容の要素が中心をなしており、没入と行動変化過程は、（ⅲ）価値と、（ⅳ）没入的行動の要素が中心をなしている。そして、（ⅴ）脈絡としての自我と、（ⅵ）現在の瞬間との接続は、二つの過程にすべて含まれているとみる。治癒対象症状は、憂鬱症、薬物中毒、精神病などと多様である。[66]

　第四に、弁証法的行動治療（DBT）は、リンネハン（Linehan）によって、1993年ごろに開発されたプログラムとして、主に境界性人格障害（borderline personality disorder）の治療に焦点を合わせている。この障害から頻繁に現れる自殺および自害的な行動を治療するために開発された。この治療法は、伝統的な認知行動治療に（マインドフルネス）瞑想の哲学と修行を結合させて、患者が感情調節をできるように受容と行動を同時に変化させるための接近である。個人治療と集団治療を行っている。このプログラムの内容は、（1）自分の考えと感じ方、感覚を、空の雲をみるように見つめるようにすることとか、（2）数息観、（3）マインドフルネスの気づきを日常生活の中に持ってくるようにすることなどを含んでいる。主に境界性人格障害に適用されており、暴飲、暴食、憂鬱症などにも適用されている。[67]

（5）　マインドフルネス瞑想の効果とその機制

　心理治療の技法としてのマインドフルネス瞑想は、情緒・行動面において多用な肯定的効果をもたらしているといわれている。ここでは、マインドフルネス瞑想を通じたマインドフルネスの要素とその効果をもたらす機制、そして効果の内容について簡略に整理してみる。機制と効果

表1　マインドフルネス瞑想の効果とその機制

機　　制		マインドフルネス瞑想の効果
脱中心化	経験を距離を持って見つめる	認知の変化
脱融合	実際と考えを分離	心理的平定・弛緩
脱自動化	刺激に受動モードで反応	心理的柔軟性
露出	敏感性の鈍化	自己統制・調節能力
受容	開放的受容	正しい価値の選択

の論議は研究者によって少しずつ異なる。また、ほとんどが機制と効果を区別していないようである。マインドフルネス瞑想がどのような機制を通じてどのような心理・行動的な効果をもたらすのかをあらわしたものが表1である。

　マインドフルネス瞑想では、①（対象）瞬間ごとに時々刻々と近づいてくる現在の瞬間の経験を、②（方法）アリノママを非判断的に観察し（純粋な注意を払い）、③（結果）気づき（通察）を得ようとする。このような過程で、①脱中心化、②脱融合、③脱自動化、④露出、⑤受容などの機制が作動する。マインドフルネス瞑想をすると、①自分（の経験、思考、感情など）と距離をおいて見つめるようになり（脱中心化）、②自分の意識の内容（考え、感情、感覚、行動の傾向性など）と同一視しないようになり（認知的脱融合）、③外部の刺激に対して反射的に反応する自動操縦様式から受動モードに転換するようになり（脱自動化）、④思考や感情（特に否定的なもの）を回避・抑圧しないでアリノママに直視するようになって敏感性が鈍化し（露出）、そして、⑤事件を身構えることなく経験してそれを回避・抑圧の対象として見なすのではなくアリノママに非判断的でまた開放的に受容するようになる（受容）。その結果、経験をみる視覚（認知）が変化し、弛緩と心理的平静が起こり、心理的に柔軟になって自己統制と調節能力を持つようになり、正しい価

値選択が可能になるのである。

　これらの機制が、ストレス、不安、憂鬱症のような否定的な心理を改善させ、注意集中力、心理的安寧感のような肯定的心理を増進させる。それがまた慢性疼痛、過敏性大腸症候群のような肉体的な病気の改善にも寄与することが明らかになっている。

（6）　マインドフルネス瞑想治療の成功要因

　それでは、このようなマインドフルネス瞑想が心理治療と結合して、どのようにアメリカやヨーロッパ社会で成功したのであろうか。ここではこの質問の答えについて私見を述べてみたい。

　マインドフルネス瞑想プログラムが心理治療において成功した要因については多様な側面から原因があげられるだろうが、筆者は目標の適応と単純性、そして親切さという三つの要因に注目したい。

　目標の適応とは、マインドフルネス瞑想の目標を現代人の欲求に適応させたことである。仏教は本来、存在苦の問題を解決して解脱と涅槃を目標とする。そのためには、悟り（諸法無我と諸行無常）と修行（たとえば、八正道）が必要である。マインドフルネス瞑想は、涅槃／解脱にいたる一つの方法に過ぎない。仏教という宗教の究極的な目標は涅槃と解脱を通じた苦の消滅にあるが、一般の人びとにははるか遠い目標であるといえよう。特に実体に対する強い執着をもっている文明の中では、諸法無我と諸行無常の悟りを通して執着から離れ、大自由の涅槃／解脱を得ようという主張は説得力の乏しいものであるかも知れない。しかし、瞑想修行法を通じてストレスを減らし、憂鬱症と心理的な不安などが治癒できるとすれば、自我補強（self-enhancement）に強い執着を持っている彼らにとってかなり魅力的な技術ということができる。つまり、彼らが選択した仏教のマインドフルネス瞑想は、涅槃／解脱のような究極

的な宗教的目標のためではなく、現在の心理的問題の解決技術なのである。まるでヨガが現代社会に定着していく過程で、禁欲苦行の宗教的な色彩がすべて除去されて心身を健康に維持するための技術として人びとにアプローチしたことと同様である。マインドフルネス瞑想も仏教という宗教の宗教的色彩を除去し、心の健康を維持するための技術として導入されることで人気を集めたのである。

　次は、目標の単純性である。修行プログラムはほとんどがかなり複雑で精巧な理論体系を持っている。特に文明が進化するにつれ、奥深い説明体系を開発してきた。ところが、複雑で奥深い理論／説明体系は、説明するときは容易かも知れないが、それを実践に移そうとするときは、思っていた以上に容易ではないことがほとんどである。しかし、マインドフルネス瞑想は誰もが容易に真似したり、実践することができる瞑想プログラムである。その修行の境地に差はあるものの、マインドフルネス瞑想は初心者でも容易に接近できる単純性を持っている。現在の経験に純粋な（無判断、無思惟）注意を払い、気づいて受容して執着しないようにし、自然に分別が起こる考えに執着しないように誘導する。そしてこのような原理を正座、歩き、食などの多様な状況に応じて習得するようにすることで、日常生活のなかでも容易に実践できるようにする。このような単純さが心理治療の技法として成功した要因の一つであるといえる。

　もう一つの要因はプログラムを実行するときの親切さと柔軟性である。プログラムの目的が実用性、または治療効果（workability）にあるために、形式にこだわらずに人びとを親切に指導する。伝統に固執せず、状況に応じて技術と心理治療技法を柔軟に繋ぎあわせて使っている。治療に効果があるかどうかが、プログラムの最終判断基準である。一部の仏教学者は、心理治療で使っているマインドフルネス瞑想が伝統仏教思

想や修行法を歪曲／縮小したと批判している⁽⁷²⁾。しかし、心理治療の立場からは、治療効果に関心があり、仏教の理論体系や伝統との適合性にその目的を置いているわけではないので、瞑想技法を変容することに対して何ら抵抗がない。そのため、治療目的や患者の好みに応じて変容し、既存の心理治療的な技術と結合させて柔軟に活用しているのである。

西欧社会で仏教が歓迎されるのは、その奥深い思想や修行法のためではなく、MBSRのような心理治癒プログラムの瞑想法の効果のためである。それで、心理学者を中心にその技法が拡散され、仏教の瞑想法が人気を集めているのである。仏教の宗教的色彩は取り除き、その中の技法だけを採択したのである。もちろん、このようにして接した人の中で、仏教瞑想法を、単純な治癒の目的を超えて、大きな悟りを追求する宗教目的に繋げる場合も多い。しかし、全体的な流れは、治療技術としての瞑想法として取り入れるものである。

結　論

今まで筆者は現代社会における宗教の役割問題について述べてきた。私たちが接することができる多様な宗教社会学的教材や研究論文は、宗教の役割を個人の自己省察や祈福を超えて、社会政治的な理念や価値実現、体制変換に及ぶ、いわば拡大された役割期待に言及している。しかし筆者は、このような役割期待が西欧文化の影響であると考える。一時期、政治権力を掌握して社会全般において、制度的な側面から個人の生活にいたるまでの全方位的な影響力を行使したキリスト教的文化が反映された認識であるだろう。現代社会に入ってから西欧社会で宗教の役割が縮小されたことも事実だが、そのような拡大された役割期待はそのまま維持されたのである。このような文化が韓国社会にもそのまま伝播して、宗教に対する役割期待を形成したのである。

しかし、宗教に過度な役割期待を持っているとき、その目標を満たすためには多様な有形無形の権力的な資源を必要とするようになり、政治の対抗勢力としての役割を果たす過程において自我意識を貫くために暴力的な手段を動員した宗教の歴史に注目せねばならない。宗教がいう"正当な"理念を実現するために、暴力的手段をも辞さない決断をしてきた過程で数多くの葛藤と戦争を起こした西欧キリスト教の歴史に注目せねばならない。これに反して、仏教は自己省察を通じて、自己革命に焦点をおいてきた。巨視的な社会変化に関心を持っている人びとは、このようなあり方に対して不満を持つのであろう。しかし、筆者はこれが宗教の真の役割ではないかと考える。

　そこで、本稿では西欧で人気を集めているマインドフルネス瞑想法（mindfulness meditation、またはsati）に注目した。外部からの力ではなく、内部的な革命を通じた力を追求する瞑想法が宗教の真の役割であると考える。そこで、MBSRなどについて考察した。集団化された宗教の目的を達成するために、多様な社会的価値や制度を利用するのではなく、人びとに真の助けを提供するため、宗教的な思想や修行法が活用されるところから宗教の真の役割を探しているのである。

【注】

（１）　'マインドフルネス（気づき）' とは、仏教の修行法としての＜sati＞を訳したもので、韓国語では＜마음 챙 김＞（マウムチェンギム）、英語では＜mindfulness＞として翻訳される。本稿では'マインドフルネス'または'気づき'という用語を使うこととする。

（２）　Allport, Gordon W. & J. Michael Ross. 1967. "Personal Religious Orientation and Prejudice." *Journal of Personality and Social Psychology* 5: pp.432-443.

（３）　宗教が、人生においてほかのものと比べて重要ではないとしているのは、宗教の役割を制限的に見ていることをあらわす。韓国で実施されたほとんどの社会調査で人びとは、"お金"、"健康"、そして"家族の和睦"が人生において最も重要なものとしている。韓国の宗教人口においては、特に宗教を人生の目的としている傾向が強いキリスト教の人口がかなり多い（2005年度の人口住宅センサスによると全体人口の29.2％）が、それにも関わらずこのような結果が出ていることは、韓国の（宗教を手段と考える）基層情緒を反映している結果であるといえる。

（４）　西欧宗教が韓国社会に伝播してからこのような宗教文化が拡散した。

（５）　Blasi, Anthony. 1999. *Organized Religion and Seniors' Mental Health.* New York: University Press of America, Inc.

（６）　パク・ジンギュ．2011．「宗教の社会的役割に対するジャーナリズムの期待：＜朝鮮日報＞と＜ハンギョレ（新聞）＞の宗教面の分析を中心に」『宗教文化批評』19巻：285～329頁。

（７）　西欧社会で宗教がそのような役割をしたので、韓国社会でも宗教は当然そのような役割をすべきだと期待しているようである。

（８）　この問題（宗教の役割を主に個人の心の修行に限定するのか、そうでなければ社会的役割に拡張するのか）に対しては多くの論議が予想される。筆者は、宗教が社会的役割をはたすことに何の異議も持たない。しかし、社会的役割をするために宗教が政治権力化される現象については否定的である。宗教が政治権力に効果的に抵抗するという名分で、もう一つの権力になって多くの人びとが犠牲になる現象に反対している。

（９）　Grossman, Paul, Ludger Niemann, Stefan Schmidt, & Harald

Walach. 2004. "Mindfulness-Based Stress Reduction and Health Benefits: A Meta-Analysis." *Journal of Psychosomatic Research* 57: pp.35-43.

(10) Keng, Shian-Ling, Moria J. Smoski, Clive J. Robins. 2011. "Effects of Mindfulness on Psychological Health: A Review of Empirical Studies." *Clinical Psychological Review* 31: pp.1041-1056.

(11) Öst, Lars-Göran. 2008. "Efficacy of the Third Wave of Behavioral Therapies: A Systematic Review and Meta-Analysis." *Behavioral Research and Therapy* 46: pp.296-321.

(12) チョ・ヨンレイ．2003.「AABT 第37次年次学術大会参観記」『認知行動治療』3-1：93〜98頁。

(13) クォン・ソクマン．2006.「ヴィパッサナー瞑想の心理治癒的機能」『仏教と心理』創刊号：9〜50頁。

(14) Hayes, Steven C. 2004. "Acceptance and Commitment Therapy, Relational Frame Theory, and the Third Wave of Behavioral and Cognitive Therapies." *Behavior Therapy* 35: pp.639-665.

(15) Hayes, Steven C. 2004. 前掲注(14)論文。

(16) キム・ジョンホ．2002.「非合理的な認知策略とストレス」『韓国人理学会誌：健康』7-2：287〜315頁。

(17) ムン・ヒョンミ．2005.「認知行動治療の第三動向」『韓国心理学会誌：相談及び心理治療』17-1：15〜33頁；パク・ソンヒョン．2007.「ヴィパッサナー瞑想、気づき、そして気づきを根幹にする真理治療」『認知行動治療』7-2：83〜105頁；Hayes, Steven C., Jason B. Luoma, Frank W. Bond, Akihiko Masuda, & Jason Lillis. 2006. "Acceptance and Commitment Therapy: Model, Processes and Outcomes." *Behavior Research and Therapy* 44: pp.1-25.

(18) 認知行動治療は、基本的に非合理的な認知を合理的で正しい認知に変えようとする過程で、否定的な情緒や認知を抑圧して回避（代替）する戦略を使ってきた。短期的にはこのような抑圧と回避戦略は、問題を治癒するように見えるが、長期的にはむしろ問題をより固着化させる結果をもたらす。これを逆説効果という。

(19) キム・ジョンホ．2009．「統合動機管理あるいは統合動機治療：認知行動治療の新たな流れの理解」『韓国心理学会誌：健康』14-4：677～697頁；ハ・ヒョンジュ，クォン・ソクマン．2010．「マインドフルネス瞑想の心理治療的適用のための提言」『仏教学報』56：241～271頁；チョン・ソラ，ソン・ジョンラク．2012．「マインドフルネスに基盤の認知治療（MBCT）が暴食傾向にある大学生の暴食行動、情緒的な摂食、情緒調節の困難及び感情表現不能症に及ぼす効果」『韓国心理学会誌：健康』17-4：841～859頁；Eifert, Georg H. & Michelle Heffner. 2003. "The Effects of Acceptance versus Control Contexts on Avoidance of Panic-related Symptoms." *Journal of Behavior Therapy and Experimental Psychiatry* 34: pp.293–312.

(20) チョン・ジュンヨン，パク・ソンヒョン．2010．「初期仏教のサティー（sati）と現代心理学のマインドフルネス（mindfulness）：マインドフルネスの構成概念成立のための提言」『韓国心理学会誌：相談と心理治療』22-1：1～32頁；Baer, Ruth A. 2003. "Mindfulness Training as a Clinical Intervention: A Conceptual and Empirical Review." *Clinical Psychology: Science and Practice* 10: pp.125–143; Keng, Shian-Ling, Moria J. Smoski, Clive J. Robins. 2011. "Effects of Mindfulness on Psychological Health: A Review of Empirical Studies." *Clinical Psychological Review*

31: pp.1041-1056.

(21) パク・ソンヒョン．2007．前掲注(17)論文；キム・ミヨン．2012．「マインドフルネス瞑想を活用した情緒安定感増進プログラム開発」『市民人文』（京畿大学校人文科学研究所）22：1〜20頁；イ・ヘヨン，キム・ジョンホ，キム・ミリヘ．2012．「マインドフルネスに基づいた認知治療（MBCT）が女子大学生の憂鬱とウェルビンに及ぼす効果」『韓国心理学会誌：健康』17-1：43〜63頁。

(22) セルズバーグ，シャロン著／チャン・ヨキョン訳．2011．『（一日20分）自分を止める時間』ソウル：ブクハイブ；カバッジン，ジョン著／アン・ヒヨン訳．2012．『初めて会うマインドフルネス瞑想』ソウル：仏光出版社。

(23) クォン・ソクマン．2006．前掲注(13)論文；Brown, Kirk Warren & Richard M. Ryan. 2003. "The Benefits of Being Present: Mindfulness and Its Role in Psychological Well-Being." *Journal of Personality and Social Psychology* 84: pp.822-848; Hayes et al. 2006. 前掲注(17)論文；Twohig, Michael P. 2012. "Introduction: The Basics of Acceptance and Commitment Therapy." *Cognitive and Behavioral Practice* 19: pp.499-507; Xie, Jian-Fei, Jian-Da Zhou, Li-Na Gong, Joanne Iennaco, & Si-Qing Ding. 2014. "Mindfulness-Based Cognitive Therapy in the Intervention of Psychiatric Disorders: a Review." *International Journal of Nursing Sciences* pp.39: 1-16.

(24) Piet, Jacob & Esben Hougaard. 2011. "The Effect of Mindfulness-Based Cognitive Therapy for Prevention of Relapse in Recurrent Major Depressive Disorder: A Systematic Review

and Meta-Analysis." *Clinical Psychology Review* 31: pp.1032-1040.

(25) Baer. 2003. 前掲注(20)論文。

(26) ウォン・ドゥリ，キム・ギョホン．2010．「５要因のマインドフルネス、意味づけ及び自律的行動調節が情緒的ウェルビンに与える影響に対する関係模型：日常再構成法から見た主婦の日常経験に対する分析」『韓国心理学会誌：健康』15-1：107〜122頁；イ・ヒヨン他．2012．前掲注(21)論文；キム・ソンヨン，キム・ユンジュ，イ・ホジン，ホン・ヘジョン．2013．「マインドフルネス瞑想に基づいたストレス管理プログラムが看護士官生徒の心理的症状と生活の質に及ぼす効果」『軍診看護研究』31-1：110〜119頁；オム・ジウォン，キム・ジョンモ．2013．「マインドフルネス瞑想に基づいた認知治療（MBCT）が高校生の集中力と憂鬱および不安減少に及ぼす効果」『青少年学研究』20-3：159〜185頁。

(27) キム・ジョンホ．2001．「体系的なマインドフルネスを通じたストレス管理：情緒マインドフルネスを中心に」『韓国心理学会誌：健康』6-1：23〜58頁。

(28) キム・ジョンホ．2004a．「マインドフルネスとは何か：マインドフルネスの臨床的及び日常的適用のための提言」『韓国心理学会誌：健康』9-2, 511〜538頁；ウォン・ドゥリ，キム・ギョホン．2010．前掲注(26)論文。

(29) ムン・ヒョンミ．2005．前掲注(17)論文；シン・ジョンヨン，ソン・ジョンラク．2011．「マインドフルネスに基づいた認知治療（MBCT）プログラムが飲酒大学生の憂鬱、衝動性及び問題飲酒行動に及ぼす効果」『韓国心理学会誌：健康』16-2：279〜295頁；

チョン・ウンシル，ソン・ジョンラク．2011．「マインドフルネスに基づいた認知治療（MBCT）プログラムが大学生のインターネット中毒水準、不安及びストレスに及ぼす効果」『韓国心理学会誌：臨床』30-4：825〜843頁；キム・ミヨン．2012．前掲注(21)論文；チョン・ソラ，ソン・ジョンラク．2012．前掲注(19)論文；Grossmann et al. 2004. 前掲注（9）論文。

(30) Hede, Andrew. 2010. "The Dynamics of Mindfulness in Managing Emotions and Stress." *Journal of Management Development* 29: pp.94-110.

(31) クォン・ソクマン．2006．前掲注(13)論文。

(32) チョン・ミエ，キム・ジョンモ．2009．「マインドフルネスに基づいた認知治療が大学生の思考抑制に及ぼす効果」『韓国心理学会誌：健康』14-4：795〜813頁；ウォン・ドゥリ，キム・ギョホン．2010．前掲注(26)論文；シン・ジョンヨン，ソン・ジョンラク．2011．前掲注(29)論文；チョン・ウンシル，ソン・ジョンラク．2011．前掲注(29)論文；チョン・ソラ，ソン・ジョンラク．2012．前掲注(19)論文；Grossmann et al. 2004. 前掲注（9）論文。

(33) イ・ウギョン，パン・ヒジョン．2008．「成人期女性のストレス，マインドフルネス，自己－慈愛，心理的安寧感及び心理症状の間の関係」『韓国心理学会誌：発達』21-4：127-146頁。

(34) ハン・ジンスク，キム・ジョンホ，キム・ミリへ．2004．「マインドフルネス瞑想が過敏性大腸症候群患者の症状と心理的特性に及ぼす効果」『韓国心理学会誌：健康』9-4：1041〜1060頁；ベ・ゼホン，チャン・ヒョンガプ．2006．「韓国型マインドフルネス瞑想に基づいたストレス減少プログラムが大学生の情緒反応に及ぼす影響」『韓国心理学会誌：健康』11-4：673〜688頁；Baer．

2003．前掲注(20)論文；Brown & Ryan．2003．前掲注(23)論文。

(35) キム・ジョンホ．2004a．前掲注(28)論文。

(36) キム・ジョンホ．2001．前掲注(27)論文。

(37) キム・ジョンホ．2004b．「マインドフルネス瞑想の類型と認知治療的含意」『認知行動治療』4-2：27～44頁。

(38) チョン・ミエ，キム・ジョンモ．2009．前掲注(32)論文。

(39) イ・ヘヨン，キム・ジョンホ，キム・ミリヘ．2012．前掲注(21)論文。

(40) チョン・ジュンヨン，パク・ソンヒョン．2010．前掲注(20)論文。

(41) キム・ジョンホ．2004b．前掲注(37)論文；キム・ギョホン．2008．「マインドフルネスと自己調節、そして知恵」『韓国心理学会誌：健康』13-2：285～306頁；チョン・ジュンヨン，パク・ソンヒョン．2010．前掲注(20)論文；イ・ギョンヨル．2013．「仏教のサティーと心理学のマインドフルネスと圓仏教の有無会念との比較」『宗教研究』71：123～144頁。

(42) キム・ジョンホ．2004b．前掲注(37)論文；キム・ギョホン．2008．前掲注(41)論文；イ・ヘヨン，キム・ジョンホ，キム・ミリヘ．2012．前掲注(21)論文。

(43) パク・ソンヒョン．2007．前掲注(17)論文。

(44) 安藤修著／イン・キョウン，イ・ピルウォン訳．2011．『心理治療と仏教』ソウル：佛光出版社；Brown & Ryan．2003．前掲注(23)論文。

(45) キム・ギョホン．2008．前掲注(41)論文；オム・ジウォン，キム・ジョンモ．2013．前掲注(26)論文。

(46) クォン・ソクマン．2006．前掲注(13)論文；パク・ソンヒョン．2007．前掲注(17)論文；キム・ドヨン，ソン・ジョンラク．2008．

「マインドフルネス瞑想が禁煙維持と自己効能感に及ぼす効果：禁煙クリニック利用者を中心に」『韓国心理学会誌：健康』13-4：1009～1022頁；キム・ミヨン．2012．前掲注(21)論文。

(47) ベ・ゼホン，チャン・ヒョンガプ．2006．前掲注(34)論文。
(48) チョン・ジュンヨン，パク・ソンヒョン．2010．前掲注(17)論文。
(49) パク・ソンヒョン．2007．前掲注(20)論文。
(50) Brown & Ryan. 2003. 前掲注(23)論文。
(51) Grossman, Paul, Ludger Niemann, Stefan Schmidt, & Harald Walach. 2004. "Mindfulness-Based Stress Reduction and Health Benefits: A Meta-Analysis." *Journal of Psychosomatic Research* 57: pp.35-43.
(52) クォン・ソクマン．2006．前掲注(13)論文。
(53) Lutz, Antoine, Heleen A. Slagter, John D. Dunne, & Richard J. Davidson. 2008. "Attention Regulation and Monitoring in Meditation." *Trends in Cognitive Sciences* 12: pp.163-169.
(54) キム・ギョホン．2008．前掲注(41)論文。
(55) Lutz et al. 2008. 前掲注(53)論文。
(56) キム・ジョンホ．2001．前掲注(27)論文；パク・ヒジョン．2009．「圓仏教修行における'気づき'：ヴィパッサナーの'マインドフルネス'と関連して」『圓佛教思想と宗教文化』41：93～133頁。
(57) 圓佛教的に話すと、歓心と執心が結合した状態をいう。歓心と執心の状態を維持すると非判断的受容を強調する。正しいあるいは間違いという'道徳的判断'から離れ、'注意を注ぎ'対象を'ありのままに（as it is）'自覚することで'開放的受容'をすることを勧める。
(58) Brown & Ryan. 2003. 前掲注(23)論文。

(59) キム・ギョホン．2008．前掲注(41)論文。
(60) Lutz, et al. 2008. 前掲注(53)論文。
(61) Grossman, et al. 2004. 前掲注(51)論文。
(62) Hwang, Yoon-Suk & Patrick Kearney. 2013. "A Systemic Review of Mindfulness Intervention for Individuals with Developmental Disabilities: Long-Term Practice and Long Lasting Effects." *Research in Developmental Disabilities* 34: pp.314-326.
(63) オム・ジウォン，キム・ジョンモ．2013．前掲注(13)論文。
(64) Coelho, Helen F., Peter H. Canter & Edzard Ernst. 2007. "Mindfulness-Based Cognitive Therapy: Evaluating Current Evidence and Informing Future Research." *Journal of Consulting and Clinical Psychology* 75: pp.1000-1005.
(65) Brown & Ryan. 2003. 前掲注(23)論文；Williams, J. M. G., Y. Alatiq, C. Crane, T. Barnhofer, M. J. V. Fennell, D. S. Duggan, S. Hepburn, & G. M. Goodwin. 2008. "Mindfulness-Based Cognitive Therapy (MBCT) in Bipolar Disorder: Preliminary Evaluation of Immediate Effects on Between-Episode Functioning." *Journal of Affective Disorders* 107: pp.275-279.
(66) Hayes, et al. 2006. 前掲注(17)論文。
(67) Keng, et al. 2011. 前掲注(10)論文。
(68) ムン・ヒョンミ．2005．前掲注(17)論文；クォン・ソクマン．2006．前掲注(13)論文；パク・ソンヒョン．2007．前掲注(17)論文；ウォン・ドゥリ，キム・ギョホン．2010．前掲注(26)論文；チョン・ジュンヨン，パク・ソンヒョン．2010．前掲注(20)論文；ハ・ヒョンジュ，クォン・ソクマン．2010．前掲注(19)論文；キム・ドヨン，ソン・ジョンラク．2012．「マインドフルネ

スに基づいた青少年自殺防止プログラムが自殺思考、憂鬱及び自己尊重感に及ぼす効果」『韓国心理学会誌：健康』17-2：323〜339頁；イ・ヘヨン，キム・ジョンホ，キム・ミリヘ．2012．前掲注(21)論文；チョン・ヒョンスク，ソン・ジョンラク．2012．「マインドフルネスに基づいた認知治療（MBCT）が逆機能的怒りに及ぼす効果」『韓国心理学会誌：健康』17-3：589〜922頁；チョン・ヒョンスク，ソン・ジョンラク．2012．「ストレスと逆機能的怒り間の関係においてマインドフルネスと怒り反芻の媒介役割」『韓国心理学会誌：臨床』31-4：907〜922頁；Baer. 2003. 前掲注(20)論文；Keng et al. 2011. 前掲注(10)論文。

(69) クォン・ソクマン．2006．前掲注(13)論文。
(70) キム・ジョンホ．2004．前掲注(28)論文。
(71) イ・ヒョンヒ，キム・ジョンホ，キム・ミリヘ．2011．「マインドフルネス瞑想が頭痛に及ぼす効果」『社会科学研究』17：56〜77頁。
(72) チョン・ジュンヨン，パク・ソンヒョン．2010．前掲注(20)論文。

日本における死者祭祀と仏教
―― 民俗学の視座より ――

八 木　　透

[要旨]　本論文では、さまざまな様相を示す死者のまつり、すなわち死者祭祀の諸相と、死者が死霊から祖霊へと徐々に変化してゆく過程について考えるとともに、日本の死者祭祀と仏教との関わりについて、民俗学の立場から考察する。そもそも日本民俗学の創始者である柳田國男は、民俗学の対象を仏教等の外来宗教が入りこむ以前の、純粋な日本独自の信仰世界に求めたために、結果として「仏教民俗学」という領域を容認しなかった。そのため柳田以降の第二世代の中から仏教民俗学がおこる。それら先行研究を慎重に検証し、日本における死者祭祀の具体事例について分析を試みた結果、死者祭祀を仏教との繋がりにおいて考える際、日本特有の仏教の存在形態や仏教観、あるいは浄土真宗の特殊性にも留意しながら考察する必要があるとともに、日本仏教を一枚岩とする前提を疑問視し、日本仏教そのものを多義的に理解する必要性があるとする結論に至った。さらに当該テーマに関する日韓比較という視座から、日本の民俗が仏教と深く融合して「民俗の仏教化」が進んだことと対比すれば、韓国の民俗はどちらかというと儒教と結びつき、「民俗の儒教化」ともいうべき現象がおこった。そこが仏教と民俗をめぐる日本と韓国のもっとも異質な点であることを指摘した。

はじめに

　人間にとって、死は決して逃れられない宿命である。人類がいかに科学の発展を極めようと、人びとを死の恐怖から解放することはできない。

往古より、世界中のすべての人びとが死者を丁重に弔い、それぞれの信仰や世界観に応じて死者を祀るための儀礼を行なってきた。それが葬送儀礼、あるいは死者祭祀とよばれるものである。日本では、人は死後霊魂と肉体とが分離するという認識が古くから存在していた。これは一般に「霊肉別留」などという表現によって示されてきた観念である。また、日本人は肉体よりも、どちらかというと霊魂を重んじ、大切に扱うという特徴が見られる。

　本論では、さまざまな様相を示す死者のまつり、すなわち民俗としての死者祭祀の諸相と、死者が死霊から祖霊へと徐々に変化してゆく過程について考えるとともに、日本の死者祭祀と仏教との関わりについて、民俗学の立場から考察する。

1　民俗学と仏教——学史の回顧より——

　日本民俗学の創始者である柳田國男は、民俗学の対象を仏教等の外来宗教が入りこむ以前の、純粋な日本独自の信仰世界に求めたために、結果として「仏教民俗学」という領域を容認しなかった。そのため、柳田以降の第二世代の中から仏教民俗学の研究が開始されることになった。その代表的な研究者が、五来重・竹田聴洲・山折哲雄・藤井正雄らである。

　五来重は仏教民俗学の研究対象として以下の8点をあげている。すなわち①仏教年中行事・②法会（祈禱と供養）・③葬送儀礼・④仏教講・⑤仏教芸能・⑥仏教伝承・⑦仏教俗信・⑧修験道の8領域である。五来は、仏教は外来宗教であり、日本固有の基層文化と接触して文化変容を遂げたものが「日本仏教」であるという。また五来が目指したのは、民俗学的方法を導入して日本における仏教の庶民化を明らかにすることであり、仏教の民俗化・土着化・庶民化が仏教民俗学の主たるテーマで

あったといえよう(1)。

　竹田聴洲は、主として祖先崇拝の領域における仏教と民俗の関連性について新たな知見を提示した。竹田の代表的著作である『民俗仏教と祖先信仰』では、民俗資料のみならず、文献史料や金石文をも駆使した方法論をとり、主として近世初期の浄土宗末寺の由緒記録である『蓮門精舎旧詞』を基礎資料とし、民間寺院の成立過程および村落における寺・墓・祖先信仰の史的関連性を明らかにしている。中でも注目すべきは、奈良県や京都府などの性格が異なる複数の村落における徹底した調査より、石塔発生以前には寺堂がいわゆる詣墓の機能を果たしていたことを主張したことである。この成果はのちの両墓制研究の基礎を築くことになった(2)。

　山折哲雄はその著書である『仏教民俗学』において、民衆に育まれてきた日本仏教の真の姿を理解するためには、「従来の仏教学はあまりにも民俗学による発見を無視して自己を主張し、民俗学もまた仏教学の蓄積を白眼視してひとり歩きをしているのではないか」と危惧する。仏教に根ざした日本人の生活習慣や年中行事、民間信仰などを考察し、また外国人の信仰行動などとの比較検討を重ねて、仏教学と民俗学との緊密な関係の確立が必要だと主張した(3)。

　藤井正雄は、仏教の定着過程には仏教そのものが民俗に意味付けを与えて取りこむという「民俗の仏教化」と、仏教が民俗に傾斜して自己を失うという「仏教の民俗化」の2方向があったとする。また仏教は外来宗教で、日本の仏教は「民俗化した仏教」であり、地域社会に展開している仏教は、民俗そのものであると考えていた。この点は、五来とも共通している(4)。

　死者祭祀との関連で、仏教民俗学の可能性を考える時、その対象とすべきは、やはり「葬送儀礼」と「死者観」、「霊魂観」であろう。その点

からすれば、近年の板橋春夫の研究による「看取りと臨終の民俗」もその対象となろう。板橋は、これまでの民俗学においてきわめて断片的にしかとらえられてこなかった「看取り」や「臨終」に関する事例に対して真正面から取り組んでいる。たとえば板橋はその著書『誕生と死の民俗学』の冒頭で次のように述べる。

　人は過去と現在において、他人の死からさまざまなことを学びつつ、現在と未来の自分の死を想像してきた。身近な人を看取ることは、悲しい別れであるが、死と向き合うために大変重要な体験でもある。先立つ人を看取るが、看取った人もいつかは看取られる運命にある。

　板橋は、病院での死が大多数を占める現代において、人びとが現実に死を体験することが少なくなったことに対して、「病院死の増加は、人々にとって死の実感を希薄にしたといわれる。現在のままでは死のリアリティーはなくなってしまうし、死の尊厳も失われてしまうのではないだろうか」と危惧している。具体事例として、石川県吉野谷村の例をあげながら、臨終の者を抱いてやることや、「枕をはずす」ことが行なわれていたことを紹介している。特に死に臨む老人が息子や娘に「抱いてくれ」と頼むことは現代でも行なわれており、日本における普遍的な看取りの方法であったことがわかる。

　また板橋は「死の民俗慣行でもっとも欠けているのは、プロセスとしての死を捉える視点であろう」と指摘し、さらに「死の過程を見ていくことは、ある意味では老いとつきあうことでもある。老いや死とつきあうことが少ないと、どうしても人間に対するいとおしさが欠落しがちになる。現代の日本では、老いと死を日常化していく訓練が必要かもしれない」という、きわめて教訓に満ちた提言も行なっており、現代社会の

学校教育や生涯学習において民俗学が果たす役割について考える際の貴重な指針を提示している。

　このような板橋の研究は、必ずしも"死"と仏教をつなぐ内容ではないが、少なくとも日本人の死に対する観念や、看取りにおける人びとの意識を考えることの重要性を説いたものとして、貴重な研究成果だと考えられる(5)。

　また、近年『真宗民俗史論』を上梓した蒲池勢至の真宗民俗研究にも注目する必要がある。一口に「日本仏教」といえども、宗派により"死"や"死者"に対する捉え方には大きな差異がみられる。特に、真宗の死者観は特異である。真宗の葬送儀礼においては、死者の"遺骸"はあくまでも「葬られるべきもの」であり、遺骸に象徴される死者を礼拝しない点に特徴がある。古くから火葬が主流だったこと、位牌を否定したこと、盆や年忌供養を否定したこと、墓を重視しないことなど、他との相違はさまざまに見られる。真宗では本願寺法主を生き仏として崇拝する信仰があり、「親鸞＝阿弥陀仏＝先祖神」という他宗派では見られない信仰形態を生みだした。そこでは、先祖は「始祖」である親鸞に昇華融合しているのであり、親鸞忌を勤めることは先祖忌を勤めることと同一行為であるとする観念があった。位牌や墓、先祖供養を否定した背景はそこにあるのではないかと考えられる(6)。死者祭祀を仏教との繋がりにおいて考える際、このような、真宗の特殊性にも留意しながら考察する必要があるといえるだろう。

2　死者祭祀と葬送儀礼――愛慕と畏怖のせめぎ合い――

　人が死ぬと、お通夜・葬式・埋葬（あるいは火葬）などのいわゆる葬送儀礼を経て、その後長い年月の間供養を繰り返し、やがて死者の魂は「先祖」になる。その過程について、赤田光男は「蘇生」・「絶縁」・「成

仏」・「追善」という4つの要素に分類して説明している[7]。

　「蘇生儀礼」は、人の生死の境において行なわれる儀礼で、息を引き取った者から抜け出た霊魂を肉体によび戻す、いわゆる蘇りを願う儀礼である。具体例としては「魂呼び」と称し、身内の者が空や井戸の底を覗き込みながら死者の名をよぶという伝承が聞かれる。また死に際して、近親の女性が棺桶にすがったり、湯灌を行ないながら大声を出して泣く習俗がある。このような女性は「泣き女」といい、東北地方の秋田県や岩手県と、南島の奄美諸島から沖縄にかけての地域から報告されている。

　泣き女の習俗は、ある意味では身内の自然な悲しみの感情によるものだが、やはり儀礼化された行為としてとらえるべきものであろう。つまり「魂呼び」と同様に、大声を出して泣きながら死者が生き返ることを祈ったと考えられる。しかし別の意味では、泣くことによって家族の死を周囲に知らせるとともに、死者との別離を示す意味もあったのではないかと考えられる。つまり「魂呼び」はあきらかに蘇生儀礼であるが、「泣き女」は蘇生儀礼であるとともに、次に述べる「絶縁儀礼」としての意味も内包させていたのではないかと思われる。

　「絶縁儀礼」は死者の蘇りを期待しても、それが叶わぬこととわかると、人びとは遺体に対する忌穢観や死霊に対する恐怖観をいだくようになる。愛慕と恐怖という観念は一見矛盾するようであるが、時の経過とともに愛慕の感情は次第に恐怖へと転ずるのである。この時に行なわれるのが絶縁儀礼である。たとえば京都府長岡京市とその周辺の村で、出棺の時、門口の敷居の上に筵を敷き、棺が出た後それを外へ向かってまくるという事例がある。これは花嫁の出立ちの儀礼とまったく同じである。またこの時に死者が生前使っていた茶碗を割り、藁火を焚くという例は今日でも多くの地域で聞かれる。これらはすべて死者との関係を断ち切り、また棺が通った道をなくして死者が再び戻ってくることができ

なくするための儀礼であると考えられる。

　ところで、葬式で棺を担ぐ者は座敷でわらじを履き、そのまま屋外へ下りる。また死者に着せる経帷子（きょうかたびら）ははさみを使わず手で引きちぎって縫い、それを左前に着せたり、死者の足袋とわらじは左右反対に履かせたり、また死者の体を洗う湯灌では、先に水を張ってから熱湯を入れるなど、あえて日常とは逆の所作をするという例が多い。さらに敷居を跨いで食事をしたり、包丁に突き刺した餅をそのまま食するなど、きわめて行儀の悪い食作法が伝えられていることも興味深い。死をめぐる儀礼では、日常とまったく異なった行為をするという特徴が見られる。それは、死者をあの世へ送り出すことが残された人びとにとっていかに特異な状態であり、葬送儀礼が異常な時間と空間の中で演出されねばならなかったかを物語っているのである。

　葬式を終えた後、「この世」から送り出した死者を、無事に「あの世」へ送り届けるための儀礼が「成仏儀礼」である。成仏儀礼は、野辺送りから七七忌の間に多く行なわれる。つまり一般には仏教式に取り行なわれる7日7日の中陰行事がそれに当たることになる。

　最終段階としての「追善儀礼」は、七七忌以後の、たとえば百カ日、さらに1・3・7・13年忌などの年忌を指す。これらは主として仏教儀礼として行なわれることがほとんどである。この追善儀礼を経て、やがて「弔い上げ」などとよばれる儀礼が行なわれる。これは死者をまつるための最後の儀礼で、ここにおいて「死者」はようやく「先祖」になると信じられていた。その時期は地域によってまちまちであるが、おおむね33回忌頃とする例が多く見られる。

　日本人の先祖観については諸説があるが、少なくとも死直後の霊魂が荒ぶる怖い存在であるのに対して、繰り返し儀礼を行なううちに徐々に浄化され、やがて清らかな「先祖」と称される存在に昇華してゆくもの

と考えられていた。その点を踏まえて、赤田光男は日本の葬送儀礼を先述のような４段階に分けて分析を行ない、さらに個々の儀礼の特質について、蘇生や追善の儀礼は愛慕表現行為であり、絶縁や成仏の儀礼は恐怖、畏怖表現行為であるとし、さらに蘇生と絶縁の儀礼は純粋に民俗的内容を呈しているのに対して、成仏と追善の儀礼は仏教的色彩が濃く、民俗と習合して民俗仏教的内容となっていると分析している。

3　遺族の慣習と死者祭祀──「喪」と「忌」──

　現代社会では、年内に死者があった家の者は、年末までに「喪中はがき」を出す慣習がある。また学校へ通う子どもたちは、近親者の葬式で学校を休むと、それは「忌引き」といわれ、普通の欠席扱いにはされない。この「喪」や「忌」とはいったい何なのだろうか。
　「喪」とは、基本的には近親者の死に際して遺族が死者への哀悼の情を表す方法として、一定期間身を慎みながら死者の魂をまつることを意味する。「"おめでとうございます" という新年のあいさつを遠慮いたします」という意味で出されるのが喪中はがきである。また喪に服する、すなわち「服喪」の期間は特別な服装をすることもあり、その時に着るのが「喪服」である。
　一方「忌」も、「喪」とほぼ同様に、慎みの気持ちから忌籠る状態を意味する言葉で、葬式の後一定期間を「忌中」と称したり、その状態から解放されることを「忌明け」などという。
　このような、遺族が特別な状態で何日間かを過ごす風は、古代に中国から日本へ伝わり、律令制の中で「服忌の制」として定められ、以後その内容を変化させながら明治初期まで続いた。その一部は今日でも学校制度や官庁などの中で生きている。服忌の制では、親、兄弟、夫婦や男女の別など、死者との関係性によってそれぞれに服喪の期間が定められ

ていた。今日の学校でも、たとえば両親の場合は7日、祖父母や兄弟の場合は3日などと忌引きの日数が定められているが、これらの服喪の期間は、それぞれの時代や社会において、家族・親族の中のどのような関係性が重要とされていたかという、序列や価値の現れでもある。もともと服喪は残された者の義務であり、その意味で「忌引き」とは学校を「休んでもよい日」ではなく、「休まねばならない日」だったのである。

民俗社会では、喪に服しながら死者の霊魂をまつる役割が、血縁者以外の者に課せられるという例もある。たとえば伊豆諸島の八丈島と青ヶ島では、もし葬式の日に他家の者が葬家に泊れば、必ず7日間は泊らなくてはならないという。ゆえにこれらの島々では、今日でも他家の者は葬式の日は無理をしてでも自家に帰るそうだ。

また八丈島と八丈小島では、死後7日目までの死霊を古くはナマミョウジャ（生亡者）とよび、仏壇の前に仮設の台を準備して位牌を置き、その周囲を六枚屛風を逆さにして囲う。このナマミョウジャはとても祟りやすい霊魂であり、特定の人物以外はたとえ肉親といえども、屛風の中に入ることは許されなかった。この特定の人物とは、古くはまだ月経のない娘であり、7日間別火の生活をしながら死者の遺体が安置されていた場所に寝て、日に3度、屛風の中の位牌に線香と椿油の灯明を供えたという。これを「ナマミョウジャに奉公する」という。

青ヶ島では、先の娘の役割をオモテとよばれる人物が務める。オモテは死者ともっとも親しかった者がすることになっており、親類の場合もあれば、他人の場合もある。オモテは葬式の準備から後始末まで一切を取り仕切るとともに、葬式から7日間、遺体を敷いていた莚の上に北枕で寝て、日に3度別火で炊いた飯を死者の位牌に供えるという。また先にも述べたように、オモテ以外の者は葬式の日に葬家に泊れば、必ず7日間泊らなくてはならないといい、たとえ忘れ物をしても、7日目まで

は取りに行ってはならないといわれている。さらにオモテが7日間の間に夢を見た場合、その夢に登場した者は、近いうちに不幸に遭遇するという恐ろしげな伝承も聞かれる[8]。

死者の魂は、死後しばらくの間非常にデリケートな存在として扱われた。それはすなわち、遺族にとっては服喪の期間でもある。服喪は死者を偲びながら、家族を失った寂しさや虚しさを消化する「癒し」のための時間であったのかもしれない。

4　位牌分けと複檀家制——特異な祖先祭祀と寺檀制——

日本における死者祭祀の具体事例について考えるひとつのヒントとして、「位牌祭祀」と「檀家制度」をめぐる民俗と仏教との関わりについて考えてみたい。なお本節で取り上げる諸事例は、日本の一般的な家意識や、それに依拠した仏教の通常的観念とはやや異質なものばかりである。そのような事例をあえて対象とすることで、現代社会における「家」について、そして仏教と人びととの関わり方について模索したいと思う。

日本では先祖をまつるためのもっとも象徴的な対象は位牌である。関西とその周辺地域では、夫婦を同じ位牌で祀る例を除けば、位牌は一つだけ作り、亡くなった人の家の仏壇で祀られるのが通例である。しかし中部地方から関東北部地域では、一人の死者の位牌をその子どもの数だけ作り、男女の隔てなく子はすべて親の位牌をもらってまつるという慣行が見られる。そこでは、他家に嫁いだ娘までが亡き親の位牌を譲り受けて婚家の仏壇でまつる。このような慣行を民俗学では「位牌分け」という。

たとえば長野県佐久市では、親が死んだ場合、葬式の翌日に分家した兄弟や他家に嫁いだ姉妹全員が葬家に集まり、喪主から親の位牌が分与

される。位牌を受けることができるのは既婚者に限られ、未婚の者はその対象とならない。このような位牌はキャクボトケ（客仏）とよばれ、兄弟姉妹たちは客仏を大切に抱いてそれぞれの家に帰ってゆく。家では親戚や近所の人たちを招待して待っており、客仏が帰ってくると、その披露が盛大に行なわれる。なお客仏は他の位牌と区別されることなく、後々まで「家の先祖」として仏壇でまつられることになる(9)。

　群馬県吾妻郡中之条町では、佐久市と同様に、葬式の後のキヨメとよばれる席で喪主から兄弟姉妹全員に親の位牌が分与される。ここでも未婚者への位牌分けは行なわれない。位牌は客仏とよばれ、譲り受けた者の家の仏壇で、他の位牌と特に区別することなくまつられる。客仏が帰ってくると、親戚や近隣の人たちが悔やみに訪れ、客仏の披露が行なわれる。

　ところで、この地域では親の葬儀費用を子どもたちがそれぞれの経済力に応じて分担するという慣習が見られ、位牌を分与してもらうには葬儀費用の一部を負担することがひとつの条件とされている。分担金は「位牌料」などといわれ、その代償として親の位牌を譲り受けるものと認識されている。その意味で、子はすべて等しく親の葬儀を執行する義務があり、だからこそ他界した親の位牌を平等に譲り受ける権利があったのだろう(10)。

　これまでの通説で、日本の祖先祭祀はそれぞれの「家」の始祖から代々の家長夫婦を「先祖」としてまつる、父系単系的な先祖観に基づいていると考えられてきた。しかし位牌分けが行なわれている地域では、その家で生まれ育ち、その家で亡くなった"家の仏"と、他家から譲り受けた"客仏"とが、日常は区別されることなく平等にまつられている。これは決して父系単系的とはいえず、いうならば双系的な先祖観と祖先祭祀の実態を表しているといえよう。いったい日本人にとって、先祖とはどのような人たちを指すのだろうか。少なくとも位牌分けが行なわれ

ている地域では、個人にとってはもちろん、母や妻を含めた家族員それぞれの亡き親たちの総体が「家の先祖」であると認識されている。

　子が亡き親を想う気持ちは同じだが、特に生家を出て他家に嫁いだ娘にとって、客仏は自分の出自を省みる心の拠り所であり、生前の親の面影を偲ぶ唯一の装置だったのではないだろうか。そのように考えると、祖先祭祀とは、顔も名も知らぬ遠い先祖をまつるだけではなく、実は自分たちが知りうる、思い出の範疇にある近い死者たちをまつることだったのかもしれない。

　一方で複檀家とは、ひとつの「家」でありながら、その構成員の男性と女性、あるいは夫と妻によって所属する檀那寺が異なる慣行を指し、宗旨が異なる寺院に分属されていることもしばしばある。1950年代に特異な慣行として注目された当初は、家が２つの檀那寺によって両分されるという事例に基づいて、「半檀家」とよばれていた。しかしその後の調査によって、２つ以上におよぶ複数の檀那寺をもつ事例が報告されるにいたって、「複檀家」と称されるようになった。この慣行は、キリシタン禁制を目的として江戸幕府が制度化した寺請制によって、「一家一寺」という原則が確立されたとされる一般的な認識に対して、必ずしも実際にはその原則に沿った事例ばかりではなく、原則論だけでは理解され得ない人びとの意識や慣行が存在してきたことを示すものであり、家の多様性を考えるひとつの鍵として今日でも注目されている。

　複檀家制は特定の地域ではなく、全国的に広く伝承されてきたことがわかっている。その発生理由についての見解もさまざまである。たとえば家が複数の寺檀関係を持つ段階から、一家一寺制への過渡的段階に起こったとする説や、一家一寺制成立後に、寺院が檀家獲得のために成立させたとする説などがある。このように、複檀家制の形態や発生の問題については、家内部の要因のみならず、家や個人と寺院との情緒的、経

済的関係などを考慮しなければならず、他の家族慣行にも増してその分析と考察に際しては、広義の視座が求められるのである。

　複檀家制の具体事例を紹介しよう。千葉県柏市と我孫子市にまたがる根戸地区には、数軒の複檀家が存在する。それらの家は男女のどちらか一方が法華宗の檀家、つまり日蓮宗寺院の檀家であるので、カタボッケ（片法華）とよばれている。それに対して、日蓮宗寺院のみを檀那寺とする家はマルボッケ（丸法華）とよばれる。男性が日蓮宗寺院に属し、女性がもう一つの檀那寺である真言宗寺院の檀家である家は2軒、その逆の組み合わせになっている家が3軒あるという。複檀家を構成する家では、例外なく男女で檀那寺が異なり、墓地もそれに準じて別々に設けられる形態となっている。

　たとえば、ある家では嫁に出た女性の息子夫婦が、夫婦養子として再び生家に戻ることになった。そこで、その生家がカタボッケの家筋であることから、息子夫婦はそれを受けついだという。位牌は繰り位牌といって箱型の位牌の中に、先祖の戒名を記した何枚もの薄い板状の位牌を入れる形式で、法事があれば、そのつどまつる対象の先祖を最前面に持ってくる。この例に限らず、この周辺地域では、宗旨の違う男女の位牌を区別せずに一緒にまとめてあった家がほとんどであるという。[11]

　一見特殊であるように思われるこのような慣行も、その発生要因の一つとされる嫁と生家との関係に注目する時、それは決して現代にも無縁の問題ではないと思われるのである。つまり嫁あるいは婿は、結婚後も元の檀那寺の檀家でいることで、生家との結びつきを保持し続けた。現代においても、死後にどこの墓に入るのかという問題を考えるとき、実際には多くの選択肢がある。経済的側面に加えて、生家との精神的な繋がりに端を発し、嫁の生家と婚家との両家墓なるものが生まれていることはそれをよく物語っているといえるだろう。さらに、真宗地帯の複檀

家制には、先述したような形態や発生要因以外の事例がみられる場合もあり、そのあり方や背景についても、今後は十分に注意する必要があるといえる。[12]

5　死者祭祀の終了——改葬習俗の民俗的意味——

　日本でもっとも一般的な葬法は土葬である。全国ほとんどの地域で火葬が普及した今日でも、離島や山村などでは、まだ土葬を行なっている地域もある。土葬の場合、遺体を埋葬して年月が経つと、肉体は朽ち果てて骨だけが残る。そうなることによって死者は成仏するものと考えられていた。しかし沖縄・奄美や南部伊豆諸島などの特定地域では、埋葬後何年かしてから再び墓を掘り起こし、白骨化した遺骨を取り出して改めて埋葬しなおすという慣習が見られた。これを民俗学では「改葬」という。その際、遺骨を海水や焼酎などで洗い清める「洗骨」をともなうことが多く、「洗骨改葬」ともよばれている。

　伊豆諸島は、北端の伊豆大島より南端の青ヶ島まで、計10島によって構成される島々である。一般に大島から神津島までの5島を北部伊豆諸島、三宅島・御蔵島を中部伊豆諸島、八丈島・八丈小島・青ヶ島を南部伊豆諸島とよび分けている。これらの3地域は民俗的にもそれぞれ異なった特質を有する。特に南部地域に属する3島は、葬法や死者祭祀その他さまざまな面において、中・北部の島々とは異質な要素が多く見られる。ここで取り上げる改葬習俗も南部の3島のみに見られる習俗である。

　たとえば八丈島では、近年ではすべて火葬が行なわれているが、土葬の時代には水瓶として用いられていた高さ60センチメートル、口径50センチメートルほどのカメが使用されていた。カメを棺桶として使用する場合は、カメの底に小さな穴を開けてから埋葬する。これは土中で白骨

— 74 —

化が早く進むようにするためである。遺体は集落内の小地域ごとに設けられている共同墓地の、各家ごとに区画された墓域へ埋葬される。

　死者の年忌は、1年、3年、7年、13年、17年、25年、33年と続けられ、遅くとも50回忌で終了する。かつては33回忌や50回忌などはあまり重要視されることは少なく、その意味においては、死者の供養は比較的早めに打ち切るという傾向がうかがえる。また3年目までの盆には、墓地にトウロウ（灯籠）とガス灯を立てる習慣があり、これは今日でも行なわれている。新暦8月13日から15日の3日間は、墓地には多くのトウロウが立てられてたいへん賑やかになる。トウロウは親類から贈られる。そして3年目の盆が終わる8月15日には、すべてのトウロウを焼き、家に多くの親類を招いて大規模な宴を開く。これをトウロウノツケシマイという。またかつては墓地へ酒や肴を持参して行って、そばを通る者に酒を振る舞ったという。

　八丈島では改葬のことをシャリトリという。シャリトリは特に決まった時期に行なわれるわけではない。だいたい13回忌か17回忌の頃に行なうという例が多いようであるが、たとえば死者が痩せた人であれば早い時期に行なうし、太った人であれば白骨化が遅いので、時期を遅らせるともいう。また新しい死者が出て、墓地内に埋葬のスペースがなくなった時に行なうという伝承もあり、必ずしも一定していない。シャリトリでは、埋葬した遺体を掘り起こし、骨を焼酎や海水で洗い清める。特に頭蓋骨はていねいに洗うという。洗った骨は適当な箱に入れられて、同一墓域内の先祖墓の下に再び埋葬される。

　次に奄美諸島の事例について紹介する。奄美の沖永良部島では、19世紀初頭までは風葬が一般的であった。庶民の墓は海岸の断崖の下にあり、トーロとよばれていた。これはいわゆる崖葬あるいは洞窟葬と称される形態である。ところが寛政12年（1800）に禅王寺という寺院が創建され、

以後は仏教の影響によって徐々に土葬が普及していった。しかし風葬がまったく行なわれなくなるのは、明治初頭に明治政府の干渉によって風葬が全面的に禁止されてからのことといわれている。土葬普及以後の埋葬墓は、集落ごとに海岸の砂浜に設けられ、家あるいは一門の専用墓である。入口を南側に設け周囲を石垣で囲う。奄美の島々では、墓地を非常に神聖視する風が強く、墓域内に入る時は必ず履物を脱いでから入るという慣習を今も守っている。

　沖永良部島では、死者が出るとその日から49日目までは、毎日朝1回の墓参りを行なう。埋葬した上にはヤギョウ（家形）といわれる精巧に作られた木製の家型を置く。一方家では、床の間に祭壇を設けてそこに位牌をかざる。位牌は死者の魂が乗り移るものと考えられており、死者に対するすべての儀礼が位牌を対象として行なわれる。死後3日目をミキヤミズ（3日水）と言い、その前日の夕方から死者の霊を家に招き、当日の午後に親類を招待して宴を開く。その後ウクンジャクと称して霊を再び墓地へ送る儀礼を行なう。死後7日目をアラナヌカ（新7日）と言い、この日に位牌は特別の祭壇から先祖棚に移され、他の古くからの位牌と同等の扱いを受けるようになる。

　以後7日ごとに死者の供養としてユーユタが行なわれる。これはシャーマンであるユタが死者の口寄せを行なうことを指す。マブシともよばれ、ユタが神懸かりの状態となり、死者の後生における苦痛を訴えるというものである。

　さらにこれに続いてアクバレ（悪払）が行なわれる。ユタの唱える呪文にあわせて、舛に入れた炒り豆を屋外へまく所作をするものであり、まさに節分の豆まきと同様の儀礼である。49日目をヒーハレと言い、この日をもって死の忌みがあけるとされており、この日まで葬家の者は仕事を休んで物忌みの生活を行なう。なお多くはこの日に墓地に石塔を建

てるという。

　沖永良部島における先祖祭りは、旧暦１月16日の墓正月と、本土の盆にあたる旧暦７月13日から15日のシューロ祭りの年に２度である。なお墓正月は「ウヤホーの正月（仏の正月）」ともいわれ、田芋の餅や菓子を墓に供え、一族のすべての墓に参るという。

　死者が出てはじめての墓正月とシューロ祭りには、家族や一門の者がそろって墓地へ行き、墓の前で盛大な酒宴を開く。なお年忌供養は１年、３年、７年、13年、25年、33年と続けられ、これで死者に対する一切の供養は終了する。沖永良部島では、基本的には死後３年目のウヤフジ祭りの際に改葬が行なわれる。改葬はチユラサナシユン（「きれいにする」という意）、あるいはウブィオイシユン（「水をあげる」という意）とよばれ、この言葉からも洗骨をともなう儀礼であることがわかる。ウヤフジ祭りは、旧暦９月の最初の壬寅の日の墓開きから、７日目のナカンビ、さらにその翌日のトンガまで行なわれる先祖祭で、改葬はその最初の墓開きの日に行なわれる。「ウヤフジ」とはオヤハロジ、すなわち一族共同の先祖を意味する語である。なお改葬の時期に関しては、死者の体形や墓地の土質などによって若干異なることがあるようで、特に死者が肥満であった場合は、死後数年後のウヤフジ祭りに行なうといわれている。

　改葬は日の出前に近親の者数名が墓地に行き、まず男性が埋葬骨を掘り出し、女性がそれを海水でていねいに洗って、足の骨から順番にカメに入れてゆき、最後に頭蓋骨を納める。カメは石塔の後方に上部だけが地中より出るようにして埋める。骨を納めるカメはインジガメ、あるいはヤザラガメと言い、沖縄製の陶器のカメである。改葬が済むと、一族や村の大勢を招いて盛大な宴を催す。また改葬の際、それまで墓地に置かれていたヤギョウを壊すという。

死後33年目の命日に行なわれる33年忌祭は特に「祭り止め」、「祭り上げ」ともいわれ、死者に対する最後の祭祀であるとされている。この時は最後の祭祀にふさわしく、少女たちの舞踏やミンブチ（念仏）と称される歌曲が奏でられ、きわめて盛大に行なわれる。死者はこれをもって天に昇り、一般の神の仲間入りをするといわれている。
　それにしても、いったいなぜ埋葬墓地を掘り起こして遺骨を取り出す必要があったのだろうか。改葬を行なう理由について、八丈島では「墓地が狭いために、新しい死者を埋葬するスペースを作るため」と語る人が多いが、「シャリトリをすると死者に出会ったような気になれる」とも言い、古くからのシャリトリの意味を示唆するような伝承も聞かれる。筆者は1970年代に八丈島でシャリトリの現場を見たが、小さな子どもたちを含めて大勢が集まり、きわめて賑やかに行なわれていたのを思い出す。また終わった後は多数の親類や村人たちを招き、婚礼に匹敵するほどの盛大な宴が開かれていた。[14]
　筆者は改葬の持つ意味を、死者そのものに対する祭祀としては最後の段階にあたる儀礼であり、それは死者の存在を「遺骨」を通して再確認し、同時に「死」という事実をも再認識するための機会であったのではないかと考えている。またそれによって、死者をめぐるさまざまな人間関係を再編成し、調節する機能を有していたととらえられるのではないか。さらに日本の改葬では、遺骨の存在を確認することによって「死」を再確認し、実在としての死者への直接的祭祀をこれによって終了するという意味があったものと考えられる。
　伊豆や奄美で見られる改葬以後の年忌供養は、明らかに仏教的色彩が濃厚に認められるものであり、またそれはきわめて抽象的な霊魂に対する祭祀であって、死者への直接の祭祀とは質的に区別してとらえる必要があろう。その意味においては、死者に対する直接的祭祀としては改葬

が最終段階にあたり、以後は間接的祭祀としての意味を持つ儀礼であると考えることができよう。さらに改葬は、両墓制・単墓制という従来の墓制類型論と同一の次元において論じられるべきものではなく、墓制類型論や葬法の問題とは別の、死者祭祀の構造の中において位置づけられるべきものであるといえよう。

仏教では、死者供養は半永久に続けることが建前とされているが、民俗としての死者祭祀では、死者の霊魂は一定の年月を経ると生前の個性を失い、漠然とした先祖群の中に融合するものと信じられていた。そして普段はどこか近くから子孫たちの暮らしを見守りながら、年に１度か２度、この世に立ち戻って、まつられる対象となるのである。

7　あの世と他界観──水中他界という観念──

日本には大きく２つの他界観が存在する。ひとつは死者の霊が近くの山に留まって子孫たちを見守りながら、盆や正月などの１年の決まった時期に家に戻ってくるという、いわゆる「山上（山中）他界観」である。日本には死者の霊が宿るとされる多くの霊山が存在する。青森県の恐山、富山県の立山、三重県の朝熊山、和歌山県の高野山、香川県の弥谷山などはその代表例である。もうひとつは、霊が海の彼方にある死者の国へ行くという、いわゆる「海上他界観」である。熊野信仰による「補陀落渡海」や、沖縄のニライカナイなどはその代表例である。

またそれ以外にも、死者の霊が天に登るとする天上他界観や、地中に宿るとする地下他界観などさまざまな他界観が想定される。さらに筆者は、それ以外に「水中他界」なる観念が存在するのではないかと考えている。このような考え方はやや特殊であるので、少し詳しい説明が必要であろう。

京都の盆行事や祇園祭の神輿行事等を丹念に見てゆくと、水中他界観

なるものが見え隠れしていることに気づく。京都では、盆に迎えられた先祖霊たちは、五山の送り火に照らされながら、「川下の彼方」へと帰ってゆくと考えられていたようである。筆者は、京都の精霊迎えである六道参りと、8月16日の精霊送りである五山の送り火の方式を見る限り、京都の人びとの中に、先祖霊を水中から迎えて水中へ送るとする意識があったことは否定できないのではないかと考えている。ここでもし「水中他界」なるものを想定するのであれば、その前提として、少なくとも「水」が備え持つ霊力と、「水」に対する人びとの認識について熟考する必要があろう。さらに「川下の彼方」の世界とは、いったいどこを指すのかに関しても、他の事例からも考察してみる必要があろうと思われる。

　水には「禊」の行為からもわかるように、浄化の作用があるとされている。また他に流れるという特性を有することから、物体や魂を遠方へ送るという輸送の効力があるということも周知のことである。また「過ぎたことは水に流す」という表現がある。離別してゆく者同士が「水さかずき」ということをする。さらに、死に際に「末期の水」を飲ませると、苦しまずに息をひきとるという伝承も各地で聞かれる。

　婚姻習俗の中に「合わせ水」というものがある。これは、北陸方面で、嫁が生家から持参した水を婚家の水と混ぜ合わせ、入家する際に飲むというものである。また東北地方で聞かれる「嫁抱き」の習俗で、嫁が婚家に入家する際、ヒシャクで水を飲まされるという伝承がある。これらの婚姻習俗における水は、いずれも、嫁が婚家の門口を越える、あるいは敷居をまたぐ際に飲まされるという。つまり、門口や敷居という境界を越える際に水が用いられているのである。

　筆者は、水は次元境界を越える際、その移行を促す力をもっているのではないかと思う。つまり、水には、境界を越える際の荒ぶるエネ

ギーを鎮め、向かう世界にすみやかに定着させる力があるということである。筆者はこのような水の力を「鎮送的呪力」とよんでいる。種々の境界を越えることは危険をともなう行為である。水は、スムーズに境界を越えるための潤滑油的役割を果たしていたことになる。

　すると、他界と現世の境界を越える際に水が用いられたことは当然であり、京都の盆行事の中にたびたび水をめぐる儀礼が行なわれるのも、すべてこの水の力に基づいて生まれた習俗であると解することができる。また先祖霊を迎え、送る場所が水辺であることが多いという現象も、この解釈によってうまく説明がつくだろう。さらに仏教でいう「灌頂」が民間に受け入れられ、出産で死亡した女性の供養の方法としての「流れ灌頂」などの形で民俗化してゆく背景にも、このような水に対する人びとの意識があったことが想像できよう。

　ところで、日本を代表する夏祭りである京都の祇園祭は、水や河川と深い関わりを有するまつりであり、それはより具体的にいえば、疫病の源とされた御霊、すなわち死者の怨霊たちを、まさに「川下の彼方」へ送ることが目的であったということができよう。ここでいう「川下の彼方」とは「難波の海」、つまり今日の大阪湾を指していることは間違いないだろう。少し具体的に検証してみよう。

　たとえば『日本三代実録』貞観5年（863）5月の条には、旧暦の5月20日に疫病が大流行して多数の死者が出たため、朝廷が主導して神泉苑で盛大な御霊会(ごりょうえ)が行なわれたとの記録がある(15)。これが今日伝わる御霊会の最古の記録とされている。ここで注目すべきは、御霊会が行なわれた神泉苑という場所である。神泉苑は自然の泉を活用し、平安京造営の際に造られた朝廷の庭園であり、天皇や貴族の遊行の地でもある。弘法大師が善女竜王を神泉苑に勧請して雨乞いを行なったことでも知られるように、ここは朝廷が管理した水の聖地でもあった。徳川家康が二条城

を築城する以前の神泉苑は、現在の10倍近い面積を有していたといわれている。

　また祇園社の社伝によれば、貞観11年（869）にも都に疫病が流行して多数の死者が出たので、この時は66ヶ国の鉾を作り、神泉苑で牛頭天王をまつって泉へ送ったと伝えられている。このように、初期の御霊会はたびたび神泉苑で行なわれていたことがわかる。このことは、神泉苑が疫神を送るにふさわしい場所だったことを示しているといえるだろう。

　神泉苑で祭祀を受けた御霊たちは、最後はどこへ送られたのだろうか。『日本紀略』正暦5年（994）6月の条に御霊会の記載がある。そこには、この年は多数の死者が出て、6月16日には疫神がまちを横行するとの妖言も飛び交い、事の重大性を察した朝廷は、この時は神泉苑ではなく、紫野の船岡山で盛大な御霊会を営み、新調された2基の神輿が最後には難波の海へ送られたと記されている。(16) 神輿に集められた御霊たちは、おそらく実際には鴨川か堀川へ流され、その結果として最後には難波の海へ送られたと解されていたのだろう。平安時代の京都の人びとは、都に蠢くさまざまな疫神、その他の神仏も、すべて難波の海へ送ることでそれらの存在は無に化すものと信じていたに違いない。その意味で、京都のまちを流れる河川は、疫神送りになくてはならない通路だったのである。

　上記のことから、御霊会が祇園という地に定着する以前には、頻繁に神泉苑において御霊会が行なわれていたことがわかる。ここで神泉苑の泉へ御霊を送る意味について説く前に、京都の水の流れについて確認しておく必要がある。これまでの種々の調査から、京都盆地の地下には琵琶湖とほぼ同じ水量の水が存在するといわれている。その地中の水は決して澱んでいるわけではなく、常に北東から南西方向へ移動しているという。確かに京都を流れる河川の向きに注目してみると、たとえば鴨川

は、ＪＲ東海道線と交わるあたりまでは南行して流れるが、九条通りあたりから流れを西に振り、桂川・宇治川・木津川と合流して淀川となり、天王山の麓を通ってやがて大阪湾へと流れ込む。

　つまり京都盆地を流れるすべての河川は、地上を流れる河川も、また地下水脈も、必ず天王山麓を通るのであり、いわばここが唯一の水の出口だったことになる。このように考えると、神泉苑は京の地中に大量に眠るといわれている地下水が湧き出た泉であり、そこへ御霊たちを送るということは、天王山麓を通る地下水脈を経て、やがて淀川へと注ぎ込むことを見越していたのではないだろうか。つまり鴨川へ送られた神々も、神泉苑へ送られた神々も、同じく淀川へと流れ込み、遂には難波の海へと運ばれたということである。

　さらにもう一例「川下の彼方」へ送られたものを紹介したい。それは筆者がまだ幼い頃のことである。記憶から想像するにおそらく1950年代の終わり頃のことである。2月の節分では家族で豆まきを行ない、その後数え年プラス一個の豆を食べるという慣習が京都にもあった。ただし豆を食べた後、それと同数の豆を再度選り分けて、家族全員分の豆を半紙に包み、家族がそれぞれ身体の悪い個所を撫でた記憶がある。これは身体の悪い部分を撫でることで、それを豆に託すことを意味していたのだろう。家族の痛みや病、あるいは災厄が移された豆は、その後お盆の供物を流す時と同様に鴨川へと捨てられた。ここからわかることは、疫病の源とされた御霊や盆に帰ってきた先祖霊だけではなく、人びとの病や災厄を託された節分の豆も、すべて鴨川の川下へ送られたということである。このように、京都ではさまざまな神や仏、あるいは諸霊・人形など、霊的な存在はすべて「川下の彼方」へと送られたのである。

　ここまでの考察により、京都の人びとにとっての「川下の彼方」とは淀川を意味し、さらにその延長線上としての「難波の海」が想定されて

いたことがわかってきた。筆者は、他界とは死者が赴く場所という狭義の意味のみならず、神々やその他の諸霊たちもともに送られるべき場所ではなかったかと考えている。それは全国各地に伝承されている民俗空間としての「他界」を考えてみても容易に理解できることであろう。すなわち京都においては、盆に帰り来た先祖霊たちは「川下の彼方」へ送られたのであり、それは京都を流れるすべての河川が淀川を経てやがて難波の海、すなわち大阪湾へ流れ込むことを想定した精霊送りだったのである。さらに御霊や疫神、さらには人びとの災厄を託された節分の豆など、あらゆる諸霊も「川下の彼方」へ送られたのであり、それは先祖霊たちと同じく、川下にある「他界」へ赴くものと信じられていたのではないだろうか。このように、日本の他界観の中には山中他界や海上他界、あるいは天上他界以外に、水中他界観なる観念が存在することがわかるのである。

　ところで、以上のような多様な他界観の中で、特に「山中他界」の観念は日本の固有信仰に仏教が融合したことで広い地域に受け入れられていったものと思われる。そして死者は故郷に近い山に憩いながら、常に子孫たちを見守ってくれるという、人びとに安心感にも似た観念を導いた。ここにも、民俗化した仏教が人々に癒しをもたらした一例を垣間見ることができるといえるのではないか。

　いずれにおいても、死者の霊はこの世から遠く離れた所へ行ってしまうのではなく、比較的近い場所にいて、ことあるたびにこの世を訪問して子孫たちと交流したことは間違いないだろう。

8　死のケガレと仏教——癒しをもたらした仏教——

　葬式や遺体といえば、だれしもが「ケガレ」をイメージする。今日でも葬式に参列して帰宅した時に、衣服を塩で清めるという習慣がある。

現代社会で「ケガレ」が表面化するのは、死をめぐる儀礼だけではなかろうか。死をめぐるケガレがもっとも表面化する機会は「絶縁儀礼」においてである。死のケガレは人の死後、特に霊魂が抜け出たあとの肉体を中心として意識され、それは死者をまつる立場の人たちにとっての恐怖や畏怖の観念として現われる。また人の死後、時間が経過するに従ってケガレの意識も薄らいでゆくと考えられてきた。さらにそのようなケガレの影響をより強く受けるのが、死者の肉親や家族であり、死者との関係が深くて濃いほど、ケガレの影響を受けやすいとも認識されていた。

　文化人類学者の波平恵美子は、「日本人の間で死をケガレとし、不浄なものとする考え方は一般的で、それについては異論はないように思われる」とした上で、結論的には「死は、それが肉親の死であっても、生きている者には危険なものであり、その危険をいかに予防するか、危険を招くケガレをいかにす早く祓い除くかが死者儀礼の中心である」と述べている。さらに死のケガレと仏教との関係について「仏教は死をケガレとして忌む論理とは無縁であるから、死を忌避する神ごとより、はるかに死の処理を自由に、面倒な手続きを抜きにして儀礼的に処理することが可能であると人々によって考えられてきたのではないだろうか」という。また「日本において仏教は、民間の死者儀礼に死のケガレが及ばない、いわば防御壁を築く役割をしたのではないか」とも述べている。[17]

　この中で少なくとも日本の民間において定着した仏教が、死のケガレと無縁であるという解釈は大方の賛同を得られよう。家族の死には愛慕と恐怖という、二律背反的な意識が存在するが、仏教の強い影響によって後者よりも前者が強調されるようになり、葬送儀礼の中で、「絶縁儀礼」が徐々に縮小化されていったことは十分に想像できよう。赤田光男も葬送儀礼の後半部分、すなわち成仏と追善の儀礼に仏教が大きく関与したことを強調している。[18]その意味において仏教は、身内の死に直面し

た人たちの、決して合理化できない、極度にやりきれない心の葛藤を若干なりとも平安に導く、いわゆる「癒し」の役割を果たしたといえるだろう。しかしそれでもなお、葬送儀礼の中に、少なくとも「絶縁儀礼」は依然として残った。ここに、死をめぐる恐怖とケガレの問題を考える上での、もっとも重要な課題が存在するのではないかと思われる。

むすびにかえて

　これまで述べてきたように、日本各地域の具体的な死者祭祀のあり方を見てみると、一般に理解されている形式とずいぶん異なった様相があることが理解できるだろう。それら死者祭祀の背景には、何らかの形で仏教あるいは僧侶が関与し、それらの慣行に意味付けを行なってきたものと考えられる。通常とは異質な民俗慣行に対して、仏教は、実に柔軟に対応し、それぞれの地域社会の諸事情や伝統的な慣習と融合しながら存続してきたことがわかる。仏教の諸宗派の教義とは異質な慣行や習俗に対し、寺院や僧侶は建前たる教義を押し付けることなく、地域社会のニーズに沿った対応を続けてきたのである。これがまさに五来重や藤井正雄がいう「仏教の民俗化」であり、また一方で「民俗の仏教化」の実態であるといえるだろう。

　このような民俗社会における死者祭祀と仏教のあり方は、“葬式仏教”などと揶揄され、現代社会を生きる人びとにとって直接的な役割を持つことが希薄だとされてきた近年の仏教や寺院・僧侶の存在が、実は社会の変化に見事に適応しながら、人びとの欲求に応えうる可能性があることを示唆しているともいえるのではないだろうか。そのように考えることで、たとえば現代社会における死者の看取りをめぐる医療現場や、残された家族のスピリチュアルなケアの領域においても、仏教がもっと積極的に関与し、さらに現代人の求めに対して有益な役割を果たす可能

性を、より明確に見出すことができるように思われる。

　ところで、先述した八丈島のナマミョウジャの祭祀や、青ヶ島のオモテの事例のような、ある意味特異な「蘇生儀礼」は、仏教の影響をほとんど受けていない、ある意味で純粋な民俗であるといえるのかもしれない。少なくとも日本には、元来"癒し"を目的とした霊魂観が民俗として存在し、そこに仏教が覆いかぶさって、さらにケガレからの脱却と、その結果としての"癒し"がもたらされたとも考えられよう。

　また、日本語の「ホトケ」という語にも留意する必要がある。「ホトケ」とは、元来は仏陀を指す語であったが、日本では仏像や慈悲深い人などとともに、死者をも意味する。仏教が日本に移入されて徐々に土着の民俗信仰と融合してゆく過程において、ホトケの語が死者や死霊を意味するようになったのだが、このような例は仏教が流布した他の地域には見られない日本特有の現象である。

　仏陀を指すホトケの語がなぜ死者を意味するようになったかについては諸説があるが、代表的な説として、日本固有の祖霊信仰が大きく影響したとする考え方がある。すなわち民間では死亡した直後の霊魂は不安定でかつ荒ぶる存在であるが、子孫たちが繰り返し儀礼を行ない、祭祀を続けることで徐々に浄化され、やがて清らかな祖霊的存在に昇華してゆくと考えられていた。このような民俗的祖霊観と浄土教思想が習合することによって、死者をまつり、供養することで死者はやがて浄土に安住し、子孫たちを守護する存在になると信じられるようになり、その結果死者を「ホトケ」とよぶようになったものと考えられる。

　以上のように、死者祭祀を仏教との繋がりにおいて考える際、日本特有の仏教の存在形態や仏教観、あるいは先述のような、真宗の特殊性にも留意しながら考察する必要があるといえるだろう。要は、日本仏教を一枚岩とする前提を疑問視し、日本の仏教そのものを多義的に理解する

必要性があるといえるのではないだろうか。

　最後に、仏教と民俗の相関性をめぐる日韓比較について、筆者の持論を述べておきたい。これまで繰り返し論じてきた通り、日本では固有信仰と仏教が長い歴史の中で融合・習合し、その結果、独自の「日本仏教」ともいうべきものが誕生した。それを換言すれば、「仏教の民俗化」や「民俗の仏教化」ということになるだろう。つまり日本では、仏教は人びとのくらしの奥深くに根づき、宗教としての仏教を超越して、いうならば「内部宗教」として人びとの生活や感性そのものと直結する存在となったのである。

　一方で韓国では、高麗時代までは仏教が人びとのくらしに大きな影響を持っていたが、14世紀末に興った朝鮮王朝が、儒教を尊重して廃仏政策を進めたことにより、朝鮮半島の仏教は大きな痛手を受けることになった。その結果、朝鮮半島では儒教が人びとの生活に強い影響力を持つこととなり、日本のように仏教が人びとのくらしの中に直接的に浸透するという現象は起きなかった。その意味では、日本の民俗が仏教と深く融合して「民俗の仏教化」が進んだことと対比すれば、韓国の民俗はどちらかというと儒教と結びつき、「民俗の儒教化」ともいうべき現象が起こったといえるだろう。その意味からすれば、韓国の仏教はあくまでも人びとのくらしとは一線を画した「外部宗教」として残ったとも考えられよう。そこが、仏教と民俗をめぐる日本と韓国のもっとも異質な点だということが指摘できよう。

【注】
（1）　五来重『仏教と民俗』（角川書店、1976年）、および『続仏教と民俗』（角川書店、1979年）。
（2）　竹田聴洲『民俗仏教と祖先信仰』（東京大学出版会、1971年）。

（３）　山折哲雄『仏教民俗学』（講談社、1993年）。
（４）　藤井正雄『祖先祭祀の儀礼構造と民俗』（弘文堂、1993年）。
（５）　板橋春夫『誕生と死の民俗学』（吉川弘文館、2007年）。
（６）　蒲池勢至『真宗と民俗信仰』（吉川弘文館、1993年）、および『真宗民俗史論』（法藏館、2013年）。
（７）　赤田光男『祖霊信仰と他界観』（人文書院、1986年）。
（８）　坂口一雄『伊豆諸島民俗考』（未来社、1980年）、および八木透「民俗慣行としての死者祭祀」（孝本貢・八木透編『家族と死者祭祀』早稲田大学出版部、2006年）。
（９）　中込睦子『位牌祭祀と祖先観』（吉川弘文館、2005年）。
（10）　注（９）と同じ。
（11）　増田武雄「分割される先祖祭り──複檀家と分牌祭祀──」（八木透編『日本の通過儀礼』思文閣出版、2001年）。
（12）　蒲池勢至『真宗民俗史論』（法藏館、2013年）。
（13）　柏常秋『沖永良部島民俗誌』（凌霄文庫刊行会、1944年）。
（14）　詳細は、八木透「日本の改葬習俗と韓国の草墳」（『アジアの中の日本』佛教大学総合研究所、1995年）を参照のこと。
（15）　『日本三代実録』貞観５年５月の条（『国史大系』第４巻、吉川弘文館、1966年）。
（16）　『日本紀略』正暦５年６月の条（『国史大系』第11巻、吉川弘文館、1965年）。
（17）　波平恵美子『ケガレ』（東京堂出版、1985年）。
（18）　注（７）と同じ。

【参考文献一覧】
柳田國男「先祖の話」（『柳田國男全集』第15巻、筑摩書房、1998年）

五来　重『仏教と民俗』角川書店、1976年
五来　重『続仏教と民俗』角川書店、1979年
竹田聴洲『民俗仏教と祖先信仰』東京大学出版会、1971年
坂口一雄『伊豆諸島民俗考』未来社、1980年
ロバート・スミス『現代日本の祖先崇拝』御茶の水書房、1983年
波平恵美子『ケガレ』東京堂出版、1985年
赤田光男『祖霊信仰と他界観』人文書院、1986年
藤井正雄『祖先祭祀の儀礼構造と民俗』弘文堂、1993年
伊藤唯真『仏教と民俗宗教』国書刊行会、1984年
山折哲雄『仏教民俗学』講談社、1993年
八木透編『日本の通過儀礼』思文閣出版、2001年
八木透編『こんなに面白い民俗学』ナツメ社、2004年
八木　透「民俗慣行としての死者祭祀」(『家族と死者祭祀』早稲田大学出版部、2006年)
八木　透『京のまつりと祈り──みやこの四季をめぐる民俗』昭和堂、2015年
板橋春夫『誕生と死の民俗学』吉川弘文館、2007年
蒲池勢至『真宗と民俗信仰』吉川弘文館、1993年
蒲池勢至『真宗民俗史論』法藏館、2013年

持続可能な生態社会のための仏教者の生命清規

柳　淨桔

[要旨]　最近の地球の状況は、思いのほか悪化している。地球の歴史と文化における一つの大きな軸を形成している仏教としても責任を感じざるを得ない。生態と環境に地球規模の大問題を抱えた現在の状況を総体的に認識しながら、仏教より発信すべき代案を出さなければならない。本研究はこのような発想から生まれたのである。
　その原点を、釈迦牟尼仏がすべての生命とともにする幸福のために苦悩したことにおいた。そして地球の環境問題は、我ら自身の生の様式をかえることを要求する地球的次元のメッセージであり信号であるとみる。私はそれに基づいて仏子のための生命清規(しんぎ)を提案した。それは8項目の分野であり、各々三つの実践綱領から構成した。総じて24条目になる。伝統仏教の戒律と禅仏教の清規は、仏子としての当為性に基づいた義務として守っていくべき条項である。またこの生命清規は、仏子たちの内面から湧き出る生命に対する畏敬心に基づいた道徳と倫理的実践以前の宗教的実践命題であるといえる。このために生の営みを修行としてみる認識の転換が先決である。生命清規は、危機が地球規模に及ぶ状況を考慮すると、地球のすべての人類にも必要不可欠の行動指針になるのではないかと思われる。仏法に対する希望を抱き、我ら自身の変化を通して人類が変化する時に、初めて仏教の現代的存在意味があるのではないか。

1　すべての生命がともに幸せになれないのかを苦悩したシッダールタ

　若きシッダールタ太子は父の浄飯王（シュッドーダナ）に従って田畑

に出、豊作を祈願する農耕祭に参加した。この時シッダールタは、照りつける日差しの下で汗をかきながら牛がひく犂で田畑を掘り返す農夫をみた。そして、その農夫の鞭に打たれながら犂を引く牛を見、また、犂の先に掘られて蠢いている小さい虫を見つける。また、その瞬間鳥が飛んできてその虫を啄んで飛んでいくのを見る。

シッダールタは、独りで樹の下に座り、先ほど自分が目撃したことを思いながら「ああ、かわいそうだ。なぜ生きているものを、互いに殺すことを繰り返しているのか」と考え、「すべての生命が互いに幸せになれないのか」を悩んで深い瞑想に入る。

このように苦悩したシッダールタはついに王位をすてて出家し、6年間の苦行の末、菩提樹の下で悟りを得る。仏の教えの出発はすなわち、'すべての生命が互いに幸福になるため'という生命の教えなのである。また、すべての生命の幸福のためのシッダールタの苦悩は、生態危機を迎えている今、私たちに与えられた大きなきっかけでもある。

2　環境問題は'メッセージ（Message）'であり、'信号（Signal）'

私たちは、危機的な環境問題が人間の生活とその思想的土台に対して根本的な転覆を強いるメッセージであるという点を意外と認識していない。本来、互いに繋がっていて分離できない存在を一つ一つ分けて、分離してきた近代的なパラダイムの迷妄から離れ、人間と人間、人間と動植物、無生命まで、互いに繋がった依存的な関係であることを悟り、これらの統合的な知恵で新たな認識変化を目指すべきだというメッセージである。また、有限の資源を無限なものだと勘違いし、政治、経済などのすべてのパラダイムを構築してきた世界観に対する転換を求めるメッセージでもある。

これらは、創造から終末にいたるキリスト教の直線的な時間観、垂直

上昇だけが唯一の道であると考える無限成長の論理、生産力を土台に‘昨日より今日が、今日より明日がよりよくなるべき’だとする‘進歩’に対する妄信が正しい知恵ではないことを悟らせる。幸福と不幸を文化と生き方の質、人との関係性、個人の内面から探さず、ひたすら経済力や量的な財産の蓄積と単一化する計量的価値観がいかに愚かなことであるかを悟らせるメッセージである。すべてを善と悪、彼と我、左と右、進歩と保守に区分する典型的な黒白の二分法が事実ではなく、また世界は灰色の集合でもない、実は虹のような多様な色の世界であることを悟らせるのである。

ハーバート・スペンサーの社会進化論は、弱肉強食、適者生存、生存競争であると規定したダーウィンの自然進化論を社会に誤って適用し、帝国主義の膨張論理を正当化した。しかし現代の生態学は競争より、相互依存、相互補完、多様性がむしろ規定的秩序であることを悟るようになり、それにあう土台の変化を企図するべきだというメッセージを発している。

対立と競争を追求する社会で勝利するために、効率という名目の下‘もっと早く’、‘もっと多く’を追求する目標志向的な速度社会、そしてその速度社会のために位階と階級関係をつくってきた近代的な世界観を清算して、開放と参加、過程と関係志向的な社会、スローで単純な生活様式、自身の勝利ではなく他人の成就を助ける互恵的な社会に転換しなければならないのである。

資源無限主義という認識の上に成立した、大量生産、大量消費、大量廃棄の社会が危機を招いた原因であって、量的で物質的な成長ではなく、内面の成長と心の豊饒、自発的な清貧の社会に進まない限り、人類の未来はない。

人間だけが神の形状をし、自然界で特別な唯一の支配者であるという

'脱生物的な驕慢'は、結局人間中心主義、白人優越主義、男性優越主義の種であり、人間こそ被造物を支配し、征服すべきであるという神の教えを至高至純の教義（Doctrine）であると考えてきた、その'支配'の論理を掬い取らなければならないのである。

　現在の自分の世代、自分の家族、自分の国の利益という'現世代主義'は、最も愚かな利己主義であり、環境問題は過去世代が残してくれた自然遺産のなかで享受しているこの幸福をそのまま未来世代に繋げなければならないという認識に転換することを求めるメッセージである。本来、境界のない土地や水、空気を人為的に自分や他人の所有に区分して、人間だけが排他的に独占し、ほしいままに採取、収奪、売買してきた近代的な土地倫理に対し、土地は本来だれも'所有'という観念で独占できないということを悟らなければならないのである。また、人間が人間を所有したり、人間がものを所有するという観念さえもなくさなければならないだろう。

　神の世界を追い出した科学と技術により今日の環境危機さえも克服できるというが、結局根本的な解決ができない科学技術的な解法は問題を留保させるだけで、むしろ解決するべき時点を逃してより問題を深化させており、本質的な変化よりは現在のシステムの穴を埋めて維持させ、究極的にはより大きな危機の原因になっているのである。

　今日の危機は、競争のために規模の拡大を志向し、中央権力的な社会構造を普遍化して直接的な民主的意志収斂よりは代議制国民国家を志向する社会がつくった怪物であり、分権、自治、自立が基盤になる基本社会に転換していかない、巨大な国民国家では希望はないのである。今日の民主主義は結局のところ現世代に生きている人間だけの合意に基づいた民主主義であり、未来世代とすべての生命の利益や意志を反映していない不完全な民主主義なのである。

物は人間の必要のために生産されるのではなく、利益を追求する媒介であるという考え方から、食品に各種の着色剤や発色剤などの有害物質を使っても金さえもうけられればいいという論理が支配する'冷たい市場'、'顔無し市場'を変え、'必要'のために生産し、交換過程で共同体的な関係が形成される'暖かい市場'、'人間の顔をした市場'に転換して、市場を聖化させなければならないというメッセージである。

　金と欲望の追求のため故郷を捨て、移住して流れる'流れ者の住居文化'では、もはや隣との共同体は存在せず、周辺の自然を守り、責任を負う認識が生じることはない。結局、'隣との共同体的な和合と、周辺自然に対する責任意識'を通して自然を守ることができるという'貼り付けの定住文化'への転換が要求されているのである。

　労働は単に金を稼ぐための手段であるから最低限の仕事をすれば良いという認識から抜け出し、労働は賃金のためではなく自己実現の手段であるという認識が真の'労働解放'を可能にするという考え方へと転換しなければならない。目標志向的で、拡大志向的、家父長的な男性性の社会が廃絶されて究極的な男女平等が成し遂げられ、過程志向的で、また関係志向的な女性性の社会に転換するべきである。

　原子力発電所という巨大なプラントを維持するためには強力な中央集権的な国家の統制を必要とする。しかし、三十余年の寿命しかないこの施設は、現世代の電力消費のために数万年の間、のちの世代に放射能の被害や廃棄物に対する危険を押し付けるのである。したがって、一日でも早く廃棄させなければならないエネルギーであることを、1986年チェルノブイリ原子力発電所事故と2011年の福島原子力発電所事故をみて、人類はより深刻に悟ることができた。現世代が起こした問題は現世代が処理し、またその果報のすべてをうけるべきであることが重要な生命倫理の一つである。このように見ると、原子力発電所はこれ以上持続可能

なエネルギーではない。そして、ソーラーエネルギー、風力、波力、潮力などの代替エネルギーに社会的な転換をするためには、結局地域分権化された統治体制へと変わる必要があるのである。

　世界の人口の５％に過ぎないアメリカが世界の資源の34％を消費しているアメリカ式の生活様式（American Life Style）をすべての人類が最高の目標としている限り、人類の絶滅は自明なことであり、そうした発展パラダイムを貧しい国家に移植しようとする救護や開発支援は、結果的に地域固有の伝統的な共同体を破壊し、彼らを野獣的な市場経済に編入し、経済植民地化し、人類の危機を加速させるのである。むしろ貧しい国の伝統文化と彼らの自立的な村の開発と共同体を土台に、'貧しさも否定するが、豊かさも否定する'という価値観の下で、開発支援と救護活動が展開されるべきであろう。

　再び強調するが、環境問題は、間違った世界観を土台につくられた多くの社会的問題がもっとも弱い輪である'環境'の方に現れたものであり、環境そのものの治癒はもちろん、その原因に対する根本治癒に進まなければならないというメッセージとして認識すべきである。

3　生態危機の時代が仏教に期待するもの

　今日、世界の多くの人は生態的危機を突破する代案的価値として仏教思想に注目している。これは、物質的な豊かさに幻滅を感じる西欧知識人の知的な奢侈ではなく、悟りと修行という内面的な価値を追求することで幸せを感じる方法があるということを、仏教が長い経験を通して示してくれたからである。それで人びとは仏教に'その何かの代案'を期待しているのである。

　では、'その何か'というのは何か。それは、人間が特別な存在ではなく有情物と無情物までを含めた多くの衆生の中の一つであり、仏教の

戒律である'不殺生'を通して、生命に対する慈悲心（生物平等主義ではなく）から始まる教えである。また、人間中心的で暴悪な生命殺傷と破壊の時代に、諸々の生命と正しい関係をいかに築いていくべきかという問題に対する解答を期待している。
　断絶的で還元主義的な近代的世界観とは異なり、縁起的な相依相存性を強調してきた仏教が、タコ壷型の専門知識を強調してきた専門家時代の弊害に対し、統合的な知恵と直観、洞察をもって証得し、それに基づいていかなる考えと行動をすべきなのか、人びとはその方向と方法を要求し、期待している。
　善と悪、進歩と保守に分けて、敵と味方に区分してこの世を見る二分法を、どうかえるべきかを問い、はたして勝利とはいかなるものであり、成就とは何か、それをいかにして制度の中で具現するべきか、その知恵の手がかりを求めている。
　仏教は宗教という名をもって戦争を起こしたことはない。それは、仏教だけが排他的な心理を教義として強調せずに、悟りが得られる所はどこにでもあるという認識を持つことによる。平和と競争と対立、闘争を通して得られる価値ではなく、真の仏教の教えのなかに平和とはいかなるものかを鮮明に示すことが求められている。
　直線的世界観では、環境危機ではなくても、結局終末を避けることができない。また、このような直線的な世界観のなかでは、環境危機を克服しようとする努力は結局、破局を猶予する役割しかはたせないという被害意識から自由になれない。それでは、仏教の循環と輪廻の世界観から私たちはどのような希望の根拠を探すべきだろうか。さらに、'今、ここ'の現世代中心の倫理から離れ、過去世代と未来世代、過去生と未来生を行き来する重々無尽の輪廻の時間観に基づいた新たな倫理は何か、また'危機'という用語に含まれた死の恐怖に対して如何なる態度をと

るべきか、これらの問題に対する解答を、今仏教は要求されているのである。

　土地も、水も、空気も所有できるという所有意識がすべての問題の発露であることを悟った人類は、果たして‘無所有’の世界観を土台にした仏教を通していかなる社会的な秩序を構築することができ、そしていかに個人的な生き方の姿勢を持つべきか。目標と成果、存在中心の近代的なパラダイムが危機を招いたとすれば、関係と過程を中心として認識してきた仏教は、いかに世界を認識して、他の生命といかなる関係を結ぶべきなのだろうか。

　同一平面上での対立と競争は、すなわちだれかが勝ち、だれかは負ける結果を避けることができない。勝利者は敗者を圧倒し、制圧するが、究極的には敗者の抵抗意志を断念しないと、また争いは起こる。この時、慈悲と憐憫の仏教は、対立と競争社会のなかから何が真の平和であるかを示し、それにいたる道が何かを実践的に証明することを期待されている。

　生産力と物質的な豊かさの尺度であるGNP中心の競争社会のなかで、少欲知足の生き方は自発的な貧しさと主体的で清貧な生き方が幸せを成し遂げる真の価値であることを証明するための、多くの実践的な証拠を要求されている。また、このような価値を基盤にした国際社会の開発と協力、韓国社会の統一は、いかなる方向を志向するべきかの解答を要求されている。

　生態親和的な価値観をもっている仏教が地域化（Localization）と地球化（Globalization）の時代にいかなるビジョンを提示するのかということも注目されている。そして村や地域のなかで自立をなし、貧しい国の貧しさが貧困ではなく質素でありながら幸せという真の姿を人類に見せることを要求されている。また、金で計られる労働ではなく労働自体

を自分の具現として認識し、地域のなかで助け合いながら地域福祉共同体を形成して、結果的には仏教が未来の希望であることを実践として見せることを要求されているのである。

さらに、社会組織とシステムのなかでこのような教えをいかにして反映させるかが期待されており、そのような境地にいたる方法を一つ一つ生き方のなかで見せることを、また、その段階と過程を普遍性と合理主義の言語でプログラム化してくれることを期待されているのである。

環境問題を単純に自然破壊、汚染、廃棄物問題として認識する人は問題を、自然をうまく維持し、汚染しないことに限定している。しかし、仏教の環境運動と生命平和運動は、そのはじめから環境問題をメッセージ（Message）、あるいはサイン（Signal）として認識してきた。環境運動といわずにわざと生態主義とか生命平和運動と表現したがるのは、そのような課題に解答を探そうとする活動家が聞きたがっている名称がそれであるからである。

このために、仏教はどのような行政的、システム的変化をとげることが必要であろうか。またこのような時代に仏教者はどのような生き方をするべきか。次節では生態危機の時代、持続可能な発展を追求すべき時代に仏教者と仏教がとるべき清規（集団規則）を提示してみようと思う。

4　持続可能な社会のための仏教者の生命清規

1）天地自然は数多くの生命で構成されている。私たち人間も彼ら生命たちとともに自然を構成する一つの生命体である。それで、私は諸々の生命たちと一身であることを悟り、彼ら生命を父母や兄弟のように大切に考え、恭敬する。

●地上に生きる者や、地中に生きるすべての生命を大事におもう。

●自然に対する恭敬と感謝の心で生きる。
●肉食本位の食事を止め、動物の革でつくった服や商品を使用しない。

　水生生物と蛙、蛇などが一つの生態系をなして生きている一つの池がある。ところが蛙を中心に見ると、水生生物の数が多く、蛇の数が少ないといいことである。それでだれかが蛇を殺せば、蛙がこの池で長く幸せに生きられると思ったとしよう。実際に蛇を殺せば蛙は急速に増えるであろう。そうなると、増えた蛙のえさになる水生生物の数はもっと多く必要になる。結局、水生生物の不足で蛙もみな死んでしまう。このように見ると蛇が存在するのが蛙にもいいことである。
　仏教では、水生生物、蛙、蛇を独立した生命として見るより、すべてを一塊の生命として見る。それで、その動物の間の調和と均衡を考える。蛙が生存できる根元は水生生物だけではなく、また蛇もそれなりの役割をする。すなわち、蛇もなくてはならない存在なのである。生命をむげに殺さないという不殺生の戒律が仏さまが教えた第一の戒律である理由がここにある。
　蛇を見ると人は怖がる。そして殺そうとする。しかし、蛇に何の罪があるのか。人のせいで驚くのは蛇も同様であろう。蛇は自然進化の過程で、そのような姿、そのような習慣を持つようになっただけで、それが人間から嫌われる何の理由もない。善悪とは、因縁によって生じるものであり、本来はないという仏さまの教えからみると、益虫や害虫は人間中心の偏見に過ぎない。私たちが動物を良い、悪いで考えることとは関係なしに、生態系のなかで一つの性格を持って毅然として進化してきた一つの生命なのである。人間に害を与えるからといって果たして絶滅させる対象であるのか。一つの種が絶滅すると結局循環する生態系の性格からみて、自分にその被害が及ぶという点を悟らなければならない。環

境問題は、このように自然全体に対する考慮なしに、そして他のひとに対する考慮なしに、また未来世代に対する考慮なしに、'いま、ここの、私の利益'に埋没した人間の愚かさがつくり出したものなのである。

　仏さまは人と動物だけが衆生ではなく、植物と鉱物を含めた無情物までも衆生として認識した。それは、因縁果の道理からみると当然のことである。しがたってすべての人間が互いに分かち合い、保護し合い、人間は動物と植物、自然を保護しなければならない。そして、さらには単に保護する次元を越えて恭敬する姿勢で生命に向かわなければならない。また、私がいま生きていることには数多くの生命の犠牲が必要であり、彼ら生命に恩恵を被っていることを悟らなければならない。その恩恵に感謝し、さらには数多くの生命の秩序のなかで自分もほかの生命を生かせるという菩薩道の生き方をとるべきである。

　特に、動物は苦痛を避けようとし、殺されるという苦痛から逃れようとする。それで仏教者であるなら動物の死の苦痛でつくられた肉食は、可能な限り避けなければならない。そして動物の死によってつくられた革製品の服や装身具をつかってはならないであろう。

2）自然は征服の対象ではなく、人と人は競争と対立の相手ではない。自然と人間、人間と人間は、互いに生かせる生命の関係である。それで、わたしは隣を助け、自然を生かし、人間と他の生物の間の平等と平和を成し遂げる生命を生かす人になる。

- ●貧しい国と貧しい隣人、苦痛のなかにいる人の平和のために施す生き方をする。
- ●森林を育て、水や空気を清らかにし、すべての生命が生活できる場をつくりあげる。

●農村を考え、無分別な開発で土地を荒廃化したり、汚染したりしない。

　これまで私たちが知っていた生態系は、生存競争、弱肉強食、適者生存のジャングルの法則が通用する世界であるとしてきた。それで、社会も自然のように闘争と競争を基本原理とする産業主義、資本主義こそ人類が選択できる最終の社会体制であると認識した。しかし、最近の発達した生態学では、生物の一個体中心の一対一の関係で見ればそれが当たるかも知れないが、生態系全体を見るとその根本原理は相互依存、相互補完と共生の側面がより本質的であるとする。
　善義の競争であるとしてもすべての競争は究極には勝った人と負けた人がおり、相手の失敗や挫折が私の利益だと考えて、相手の挫折をそれとなく助長して喜ぶようになる。しかし、巨大な競争構造の中で自分も一瞬は勝利したかも知れないが次の瞬間、いやほとんどの競争で自分ももっと多くの苦痛や失敗の経験をするしかないのがこの社会である。
　結局、競争が激化されると葛藤になり、その葛藤が紛争になり、紛争が大きくなると戦争になる。競争と葛藤が平和を害する根本原因であり、それは人間の貪欲から始まるものである。このような人間と人間の間の競争がすなわち企業と企業の間の競争として現れるのであり、このような企業間の競争は必然的に自然と資源に対する独占と確保のための無限競争につながり、自然は無分別に収奪されるのである。さらにこのような競争の中で生存する人間はみずから疲弊し、人間が人間を、人間が自然を、人間みずからを殺していく巨大な死の循環構造のなかから抜け出せないのである。
　それで、自分の利益のためというよりは、むしろ人を助け、貧しい人と貧しい国を支援しながら、自然と生命を保護する菩薩行こそ真の平和

をつくりあげる人となるのである。木と森、虫と鳥などが生きられる生命の場を守り、また保護することは自分のための道であることを悟るべきである。

　農業の自立は、その国の国民の政治的自立と生存のためにとても重要なことである。半導体を売り、安い穀物を輸入することで自国の農業が崩壊すると、結局食糧を供給する国が自国の食糧を武器にすることがおこったときにそれを止める方法がない。アメリカやドイツ、フランス、イギリスなどの先進国はほとんどが農業国家といってよいほどである。農業はその国の産業の丈夫な基盤を提供する。それに農村は人びとの故郷であり、それ自体として環境親和的な生産であり、水田には空気を浄化し、洪水を調節し、数多くの生命の巣を提供する環境的な機能もあることを忘れてはいけない。

3）華麗な衣服、美味しい食べ物、大きな家に執着することは仏教者としての正しい姿勢ではないことを知り、物質に対する執着と所有欲を捨て、素朴な生活で満足を感じる生活をする。そして、物質の豊かさに執着するより、心の豊かさのために修行に励む。

- ●味に耽溺したり、汚染された食品をつくったり食べたりしない。
- ●華麗な服装とぜいたくな生活で貧しい人に違和感やこころの傷を与えない。
- ●多くのエネルギーと資源を消費することを罪悪として、節約する生活をする。

　お腹が減って食べる時、それは人間に必要なもの（Needs）である。空腹を解決するために食べる量には限界がある。しかし、より美味しい

ものを食べようとするのは欲求（Desire）であり、それには限界がない。
　全世界65億の人口の中で20％しかいかない先進国の人口が全世界の資源の82％を使っている。彼らの大量生産、大量消費、大量破棄の間違った文化が地球温暖化を加速させており、環境災害を招来した。富裕な国が、貧しい国の人びとが分けて使うべき資源を奪い消費しているのである。言い換えれば彼らの貧しさのおかげで生存しているにも関わらず、自分の物質的な豊かさを彼らと分け合わないでむしろもっと収奪しようとするのである。
　また、私たちは未来世代が使う資源まで消費しているのである。私たちが使っている資源は数十億年の地球の歴史の中で累積されてきた遺産であるため、私たちと未来世代のために彼らが使う資源を残さなければならない。持続可能な発展（ESSD）とは、「未来世代の可能性を毀損しない範囲での現在の開発」を意味するのである。
　いまの主流の経済システムは'資源は無限である'という間違った前提の上につくられたものである。このような迷妄が環境危機を招来したのである。したがって資源は'有限'であるという悟りからそれに合わせた生活様式に転換しなければならないというのが環境からのメッセージなのである。
　もし地球のすべての人がアメリカと同じ生活水準で生きるとすれば、地球はもはやなくなってしまうだろう。すなわち、インドやアフリカの人びとが貧しく生きているから先進国の人びとが現在のように物質的消費を維持することができるという話である。再び強調すれば、人類の80％の貧しい人びとの存在で先進国の豊かさが維持されるということである。私たちのこのような生き方が正当で、正しいものであるなら、人類はすべてそのように生きていくべきであろう。しかし、全人類は到底私たちのように生きられない。そうなるとすれば、すでに地球は破壊

されているであろう。私たちのこのような幸せと豊かさは、ほかの多くの人びとの貧困や苦痛が前提にされているのである。このような罪業を自分も知らずにつくっているので、私たち仏教者には自分の生き方に対して懺悔と省察する修行がとても重要なのである。

　これまで幸せであると考えてきた生き方が物質的な豊かさを追求して、精神的な貧困に落ちているのであれば、これからは物質的に清貧で、精神的に豊かに生きる生き方に転換しなければいけない。貪瞋痴(どんじんち)の三毒心をなくして、欲望に耽溺しない自発的な貧困を、主体的な清貧を、選択する生き方こそ親環境的な生き方であり、それこそ菩薩の生き方である。

4）綺麗と汚い、大切と粗末、好きと嫌いというのは、本来そうであるものではなく心が起こした分別である。心が晴れると国土が晴れ、心が汚れると国土が汚れる道理を知り、汚いものとつまらないもの、嫌いなものを、むしろ自分の心を開かせる友とする。

- 汚れた物、嫌いなものなど、人びとがいやがることを自分が喜んでする。
- つまらなく見えるものも丁寧に扱い、配慮する。
- 新しいものより古いものをもっと美しいものとして大切にする。

　般若心経では、本来は汚れと清らかというものがない不垢不浄な空の道理を説いている。善いものと悪いもの、好きなものと嫌いなもの、大切なものとつまらないものという区別は、本来存在せず、単にその当時の時代状況や因縁に従って異なってくるものであり、自分の分別であるだけで、本来そのようなものはないということである。

　糞が汚いと考えるかもしれないが、農夫には大切な堆肥(たいひ)になる。いか

に綺麗で美しい顔であるとしても顕微鏡で見ると毛穴の中で無数の細菌が生きている。しかし、その細菌をなくすために一日何回も洗顔をすると顔の表面の保護膜が失われて、細菌がもっと浸透して皮膚疾患を起こす要因になる。顔にある適度な細菌は、実はほかの細菌の浸透を防ぐいい役割をしていることを悟らなければならない。

　ハリウッド映画やディズニー映画の特徴は、'善と悪の鮮明な区分と善の勝利'として帰結され、多くの人びとによる否定的な批評の対象になってきた。実際に優しい人は永遠に優しいのか？　そして悪い人はとうてい救済できない存在で死んであたりまえな存在なのか。人は、怒って暴力を振りかざし、殺人をする瞬間であっても、愚かな心に包まれていれば、自分がそうすることが'その瞬間'もっとも正しいことであると思う。しかし、真に悪いのは、本来善いものと悪いものというものが存在しないにも関わらず、そういうものがあると考えることそれ自体である。

　私は正しくて、真理で善であり、ほかの人は間違っていて、悪くて消えるべきであると思うこと自体が間違っているのである。真理と善、正義による排他的な独占意識がすなわち暴力であり、罪業になるのである。そのような間違った信念から、アメリカは正義であるからイラクは当然攻撃を受けなければならないし、自分が信じる唯一神だけが絶対的に正しいから、武器を使っても宣教しなければならないと思うのである。自分だけが正しいと思うことがすなわち暴力の始まりである。

　そこで、これからは'正しい、間違い'という善と悪、左翼と右翼、善いと悪いという二分法的な観点から離れ、単に私とは'異なるだけ'という考え方が大切だということを理解するべきである。環境的な思考、生態的な価値観はすなわちそのような'多様性の尊重'である。一種類の花だけがある花畑ではなく、数えきれない多くの種類の花が咲いてい

る花畑になることがすなわち'華厳'の世界であり、仏の世界である。
　環境問題は、自然環境の問題だけが別に離れて存在するのではなく、人間の心の競争と葛藤が拡張して、自然にこのような環境破壊を起こしたのである。結局、環境危機は、人間の心の危機が反映されたものであるから、環境問題を治癒する過程はすなわち人間共同体の回復と一緒に行われなければならない。そこで、維摩経では、'心清浄、国土清浄'といって、心が清らかであると環境や社会が清らかになると言い、この二つは切っても切れないものであると説いている。

5）今の自分だけの便利さを追求してきたのが生命破壊の重要原因である。私たち人間の便利のために、山が削られ、ごみの山をつくり、化学薬品をつくっている。したがって、多少は不便な生き方を楽しむことが自然を生かせる方法であることを悟り、自分の生き方の貴重な価値観として受け入れる。

- ●自家用車よりは、公共交通機関や自転車を利用する。
- ●可能な限り、車両の利用より歩くことを楽しむ余裕のある生き方をする。
- ●インスタント食品や使い捨ての品を買って食べる便利さの代わりに、自分で直接料理して食べる生き方をする。

　環境的な生き方は、'適当な汚さに親しくなるもの'である。そして、'ゆっくり生きる余裕を楽しむ'ものであり、'不便を楽しむ'ものであり、人間だけではなく'他の生命とともに生きるもの'であり、'だれもがあまねく清貧に生きる社会'をつくろうとするものである。昔は、仏さま独りが悟りを得てそのような生を生きていたが、今は環境危機に

よって全地球人がすべてこのような悟りに直面し、そのような生を生きなければならないようになったのは、まさに逆説的であるといえよう。

　速く行こうとする速度に対する執着も大きな欲望である。それで速く行こうとする欲望は、より速い車、列車、道路、飛行機をつくり出す。早いものを享受する人はもっと速いものに対してより強い執着を持つようになる。今、いたるところにトンネルが掘られ、トンネルとトンネルを繋ぐ道路が全国土を覆っている。

　知律という僧は、千聖山の山監として、この山にトンネルが掘られると、山椒魚を始め、この山に住んでいる諸々の生命がその巣をなくして死んでしまうということを自分の体で感じながら100日を越えるという超人的な断食をした。土地は早く開発して何かを建設したほうがいいという認識がまた私たち社会を支配する主な価値観である。それで、政治家は選挙のたびに、あらゆる規制を緩和して開発できるようにすると言い、多くの開発公約を出しながら豊かで便利にすると宣伝し、また大衆もそのような人を選んでいる。

　しかし、速く行こうとして広げる道路は、逆に交通を誘引する効果を招いて、前よりも交通渋滞が起きている事例はいくらでもある。また、多すぎる道路は農村地域と山林を破壊し、ごみを山奥まで移動させて結果的には汚染地域を広げる悪い効果もある。

　速度に対する欲望はまた、あらゆるインスタント食品をつくることにまでいたっている。しかし、このインスタント食品はほとんどが使い捨ての包装材を使用しており、多量のごみをつくっている。体に悪い防腐剤、着色剤、発色剤などの薬品添加物を摂取させて人の健康に悪い影響を与えている。そこで、可能な限り歩き、自転車を利用し、また有機農業で栽培した食品を食べ、生産地を助けて支援する生き方こそが真の人らしい生き方ではなかろうか。

6）より多く、より大きく、より早くしようとする人間の心が競争と戦争、暴力と資源の浪費を招く。少ないものや小さいもの、遅いものや単純なものが美しいものであり、これを真の生き方の価値であると考えながら生きる。

- ●自然の本来の姿が美しいということを悟り、華美に飾ることはしない。
- ●より大きい家、より多い金、美味しい食べ物をとるために他人と競争しない。
- ●本来、私のものはなく、無所有の精神を悟り、財物の蓄積を恥ずかしく思い、隣に布施する慈悲行を実践する。

『宝王三昧論』では、釈迦が「利益が多すぎると、愚かな心が生じるようになるから小さい利益を持って金持ちになれとおっしゃった」と書かれている。環境危機をきっかけに人類は、これまでの発展や進歩という概念を根本的に変化させなければならないという。昨日より今日が、今日より明日がよりよくなるという考え方が'進歩'であるとしたら、今日より明日がよいという保証を不可能にしているからである。過去の進歩は、豊かに生きるもの、すなわち物質的な量の拡大を追求するものであった。しかしこのような考え方こそすなわち環境危機を招来した原因であるから、これからは物質ではなく精神、量ではなく質、豊かさではなく節制する生き方に進歩の価値を変えるべきだと主張されている。

利益追求の物質主義的な現代の競争社会で、このような流れに逆らうことのできる集団があるとしたら、それはすなわち宗教である。イエスは'貧しい人は幸福であり、天国は彼らのもの'と言い、'金持ちが天国に入るのは、駱駝が針の孔に入ることより難しい'といった。また

'捨てて、注ぐイエスの生き方'を教えた。また仏教も、無所有の教え、小さいものに満足する少欲知足の生き方、貪心をすてる生き方を修行の根本としている。

しかし、今日の宗教はイエスと仏さまに仕えるより、金に仕えているといっても過言ではないと批判されている。金稼ぎのためにイエスと仏さまを自分と神の仲買人と考えながら利用しているのである。もし、このようにして衆生の願いをかなえてくれる神がいたら、それは神みずからがその教えに背いているものであろう。

したがって、環境問題はこのような嘘の宗教の姿を捨てて、宗教は根本の座に帰れというメッセージでもある。個人の利益を越えた菩薩の生き方、他人や貧しい人とともに、自然と諸々の生命の大切さを考える生き方で生きるように教える、宗教本然の教えを回復することが真の宗教改革であるというメッセージである。世界でも韓国社会でも、もっとも大きい組織は宗教組織である。よってキリスト教、仏教、イスラム教などの主な宗教が、本来の教えに帰り、またそれぞれの信者たちも各宗教で教えた生き方をすれば、全世界は変わり、生態的な未来、持続可能な未来は可能になるのである。

すべての葛藤と闘争は結局、個人の利益、家族の利益、集団と国家の利益から始まる。この時、宗教は、戦争を起こす原因にもなり、一方では、分裂して傷つけられた世界を統合し、治癒し、和解させ、平和な世界をつくる役割もできる。

7）一つの埃、一株の草、一滴の水、一膳のご飯にも宇宙があり、諸々の衆生の労苦が潜んでいる。ものをやたらに使い、木をやたらに切り、水をやたらに捨て、ご飯をやたらに食べる心はすなわち宇宙万物をやたらに扱い、諸々の衆生を侮る反生命的な行動であることを悟り、すべて

のものを大切に使い恭敬する。

- すべての物が宇宙の生命であることを知り、我が身のように大切に扱う。
- いかに卑しい人であっても丁寧に真心を込めて相手する。
- 食べ物の味に耽溺して食べるのではなく、衆生救済し、修行をするための薬として食べる。

『小心経』にも載っているが、一粒の米ができるためには、毎日太陽や月が照らさなければならない。また、風も吹かなければならないし、曇らなければならないし、雨も降らなければならない。鳥が鳴き、虫も鳴き、魚も遊び、子供たちの笑い声もなくてはならない。そして、空の星も太陽と月の運行秩序を守って維持する役割を果たさなければならない。また、過去の長い間に蓄積してきた農業技術と農夫の知恵までが一粒の米に凝縮されているのである。これがまさに一粒の米に全宇宙が入っているという道理である。

すでに『法性偈』では、このような宇宙的な悟りを'一つがすなわち一切であり、すべてのものがすなわち一つであり（一即一切多即一）、一つの埃のなかに宇宙世界が入っている（一微塵中含十方）'といっている。したがって一粒の米の量的な価値は微々たるものだとしても、内的な価値は宇宙のそれと同一であるといえる。これは単に一粒の米に限らない。すべての自然物を始め、人と動物、植物、石、人がつくったすべての物が宇宙の森羅万象の合作品である。生物（有情物）であれ、無生物（無情物）であれ、すべてが相互を存在させる大きな宇宙的な創造物であり、また生命なのである。これを悟っている仏教者であるならば、単純に物を節約する水準を超え、恭敬して尊重し、さらには仕える心に

まで到達しなければならない。

　一つの物や一つの存在は、時間的には太古から、空間的には全宇宙のすべてが凝縮されている存在である。そして、その自然は相互に依存し合いながら繋がっており、補完しながら相互を生かす存在である。したがって、人間自身もまた、このような巨大な自然の相互依存と繋がった縁起的な世界の中で、自然の秩序に順応する生き方がすなわち悟った生き方である。

　私が生存するためには稲を刈って米をつくらなければならないし、白菜を採ってキムチをつくらなければならないし、また、ジャガ芋を掘って煮込んで食べなければならない。私たちはみずからの生存のためには、他の自然物を犠牲にしなければならないのである。したがって、みずからもこのような巨大な生命の循環の輪に入り、他の生命を生かすためにみずからを犠牲にする生き方、他人を生かすために自分を下げ、謙遜する生き方をするべきである。さらに、自然と他人の恩恵に報恩する生き方の姿勢こそ、悟りを得た菩薩の生き方であるといえよう。

8）すべては循環し、結局は自分に返ってくるという道理を理解し、自然の道理にあわない人工的なものを生産したり、消費しない。そして、無駄に使わず、分け合いながら使い、交換して使い、再利用するという節制の心構えで生活する。

- ●腐らない物を生産したり、使ったりしない。
- ●新しく商品を買うより、古いものを直して使う質素な生活をする。
- ●この世を変えることと自分を変えることが異なる二つのことではないことを理解し、修行に精進する。

「腐るものが美しい」、すべての生命は腐って肥料になることで他の生命を豊かにさせることができる。腐らないという欲求はすなわち死なないという欲求である。このような欲求がすなわち、ビニールやプラスチックなどの腐らない物をつくり、消費する文明をつくり出した。しかし、自然の道理にあう生き方、時とともに朽ちる物をつくり、健全な消費をすること、そのなかで美しく老いて死ぬということこそ真に美しい生き方である。

今の状況でいくと、近い将来には全国のごみの埋め立て地が不足するほどの多量のごみが発生している。それで、再使用（Reuse）して、再活用（Recycle）し、究極的にはごみの発生を減らす（Reduce）実践として、無駄に使わず、分け合いながら使い、交換して使い、再び使うという態度を持つべきである。

水は下に流れようとするが、それは部分だけを見た短絡的な考えである。水は谷間を流れて川をなし海に行くが、その過程で多くの量が蒸発して空に登り雲となって、また雨として降り、谷間の水になる。また生態系は＜生産者＞―＜一次消費者＞―＜二次消費者＞―＜三次消費者＞―＜分解者＞に繋がる食物連鎖の生態系の循環と輪廻の道理が自然の道理であることを悟り、人間の生産と消費、またこのような生態系の輪廻に順応する生き方になるべきであろう。

環境運動家の経典のような本であるシューマッハの『小さいものが美しい』では、特に「仏教経済学」という章をたて、仏教の教えこそがこの時代を治癒することに大きな役割を果たすと強調した。しかし、仏教者の実践なしの真理についてのプライドは無駄な知的虚栄である。まさに仏の生き方に従うという願力と慈悲心で、自分の行動をもって話すのが正しい仏教者の道理ではなかろうか。

自分が変化するほど、この世も変化するものであり、自分の変化と社

会の変化は二分されてはいない。したがって、仏教者は、修行しながら実践し、実践しながら修行して、ついには実践がすなわち修行になり、修行自体が実践になる生き方をするべきであろう。

結　び

'一即一切多即一、一微塵中含十方'という義湘の法性偈の話のように、一のなかに全体が、全体の中に一が入っているのが生命である。埃のような小さい生命も全宇宙が一緒につくり上げた合作品であり、どんなに小さい生命もすべての宇宙にあまねく照らされないところがない。したがって、生命は宇宙的な存在であり、生命はむやみに毀損したり殺してはいけないし、人間は謙虚な心構えで自然と生命に向き合わなければならない。

そして現在、人間が生命を破壊し、自然を毀損したためにその果報を受けているのであり、回復させる責任は人間にある。私たちはすべての生命のおかげで、その恩恵を受けて生きる存在であり、したがって私たちはその恩恵に報恩する生き方で生きるべきであり、人間が切ってしまった関係を繋げて回復させるべき責任があることを忘れてはいけない。

生態危機の時代に仏教はこのような危機を治癒できる偉大な思想として注目されている。しかし、このような観点は一つの可能性でしかない。ダルマ（Dharma）としての仏教は、未来社会の希望ではあるが、宗教組織としての仏教は果たして人類の希望になることができるであろうか。その抽象的な可能性を具体的で現実的なものとしてつくり出せるのは、現在を生きる私たち仏教者であり、仏教者の生き方と生活のなかで直接に見せる実践を通してしか方法はないであろう。

#　近世の大蔵経刊行と宗存

馬 場 久 幸

[要旨]　刊本の大蔵経は、北宋の太平興国8年（983）に完成した開宝勅版大蔵経が最初である。その影響を受けて、高麗や契丹でも大蔵経の刊行が始まった。一方の日本では、それから約650年後に天海という僧侶が発願した大蔵経によってようやくその完成を見た。しかし、それ以前に宗存という僧侶が大蔵経を刊行しようとしていた。その事業は、慶長18年（1613）から13年に及んだが、残念ながら全蔵が刊行されていない。

　さて、宗存が刊行した大蔵経は、その版式から高麗版大蔵経と関係があると言われているが、現存するものが少なくそれ自体の研究も進んでいない。そこで本稿では、大蔵経刊行の条件、『一切経開板勧進状』の内容や高麗版大蔵経との比較から、宗存の大蔵経刊行について考察した。宗存は大蔵経を刊行するに際し、活字を採用し、版式を途中で変更して費用を削減しようとしていたようである。大蔵経の刊行には、それにかかる莫大な費用の確保と安定した政権の確立が必須条件であったが、日本でその条件を満たすことができたのは江戸時代になってからであった。また、4点の経典の比較から、宗存版大蔵経は高麗版大蔵経の復刻ではないこと、一部ではあるが校正していたことが明らかになった。

はじめに

　刊本大蔵経の登場は、開宝5年（972）から太平興国8年（983）までの12年をかけて完成した開宝勅版大蔵経（以下、開宝蔵と略称）が最初

である。この開宝蔵が完成するや周辺諸国に下賜された。それ以降、中国では数回に渡り大蔵経が雕造されたばかりでなく、その影響を受けて高麗や契丹でも刊本大蔵経の雕造に着手し完成に至っている。日本ではそれから約650年という歳月の後、天海という僧侶が発願した大蔵経において、日本でようやくその完成を見ることとなる。しかし、それ以前に宗存という高日山法楽院常明寺の僧侶が大蔵経の開版を発願し、京都の北野経王堂で着手している。その事業は慶長18年（1613）から寛永3年（1626）までの13年に及んだが、全蔵が刊行されるまでに至らなかった。この大蔵経を宗存版大蔵経（以下、宗存版と略称）と言う。宗存は、慶長18年9月に高麗版大蔵経（以下、高麗版と略称）の『大蔵目録』3帖を刊行し、これを出版予定目録として大蔵経の刊行を開始した。宗存版の装丁には折本装と袋綴本装、巻子本装がある[1]。折本装の版式は1行14字乃至15字、1張22行、もしくは1行17字、1張23行であり、巻末に「〇〇（甲辰などの干支）歳日本国大蔵都監奉／勅雕造」の刊記があることから、高麗版の形式に倣っていると考えられている[2]。しかし元和4年（1618）以降、このような刊記は見られなくなり、代わって天台宗の典籍が刊行されるようになった。これらの装丁は袋綴本装であり、その版式は1行17字片面9行乃至10行である[3]。『一切経開板勧進状』をはじめとして高麗版に未収録の疑偽経典、中国や日本撰述の典籍などもある。これらを含めた宗存版は、現在148点が確認されている[4]。

　宗存版に関する研究は、現存するものが少ないため、前述した点以外には明らかにされていない[5]。また、その版式から高麗版と関係があることは以前から言われていたが、それと関連する研究も少ない[6]。そこで本稿では、まず宗存版と関係のある高麗版と天海版大蔵経（以下、天海版と略称）の刊行を概観し、日本での大蔵経刊行の条件について考察する。そして、宗存版の刊行目的や高麗版との比較によって『一切経開板勧進

状』の内容を検討する。

1　大蔵経刊行の条件

　日本が他国と比べて刊本大蔵経の完成が遅れた理由は何か。日本の印刷文化は、天平宝字8年（764）に称徳天皇の命で作られた「百万塔陀羅尼」に始まり、平安時代には興福寺を中心として「春日版」と呼ばれる仏典が刊行されている。鎌倉時代には、春日版の影響を受けて高野山、特に金剛三昧院を中心として密教関係の仏典が開版された「高野版」、鎌倉時代末期から室町時代にかけて五山を中心とした禅僧によって開版された「五山版」が存在することから、印刷技術はある程度進んでいた。しかし、「春日版」は南都仏教、「高野版」は密教関係、「五山版」は禅籍というごく限られた範囲での仏典刊行であった。

　では、印刷技術があったにもかかわらず、大蔵経の刊行に着手できなかった原因は何か。1つは、大蔵経刊行に際しての費用の問題である。大蔵経は版木に文字を逆さに彫り、その面に墨を塗って印刷する整版という方法が採られていた。大蔵経を開版する場合、木版印刷に不可欠となる木材、紙や印刷時に使用するその他資材、版木の加工、それを彫る職人などが必要となってくる。また、機材・人員・資材の調達にかかる手間と経費も莫大である。もう1つは、江戸時代まで安定を見なかった政権運営が挙げられる。鎌倉時代以降、数回に渡り大蔵経刊行が試みられたが、財力はともあれ、時の執権者による政権が安定せず運営が長続きしなかったことが考えられる。そのため宋や高麗では国家的な事業として行われたことは言うまでもない。

　そこで、宗存の大蔵経刊行に関する規模を知る上で、同じ木活字で刊行された天海版と、宗存版の底本となった高麗版の刊行について概観する。

（1） 天海版大蔵経の刊行

　天海版とは、天台宗の僧である天海が発願し、江戸幕府三代将軍の徳川家光の援助を得て寛永14年（1637）から慶安元年（1648）までの12年をかけて刊行された大蔵経である。

　その巻末の目録によれば、天海版の総数は665函1,453部6,232巻であるが、実際はその目録も含め1,454部5,781帖である。『般若心経』など1帖に複数の経典が含まれているものをそれぞれ1巻と数えると6,323巻となる。

　天海版の帖数は数え方によって異なるが、巻末目録に言う665函1,453部6,232巻を一蔵とした際、それに必要な紙は122,411枚である。そして、その印刷部数については、現存するものから推測すると多くとも30蔵程度と考えられているが、その場合に単純計算しても360万枚の紙が必要であったことになる。

　天海版は、一字一字逆さに彫った文字（木活字）を組み並べて印刷する方法が採用された。使われた木活字は、現在上野の寛永寺に残されており、その総数は268,044点である。当時、これら1字1字を丁寧に彫っていたため、相当数の職人も必要であった。

（2） 高麗版大蔵経の刊行

　高麗時代には、契丹やモンゴルの退散を祈願して、顕宗と高宗の代にそれぞれ大蔵経が雕造されたが、本稿では比較的史料が残っている後者の大蔵経雕造事業について概観する。

　いわゆる再雕大蔵経は、高宗38年（1251）に王が百官を率いて城の西門外にある大蔵経板堂に行香し、16年の歳月を経て完成した大蔵経である。[7] 雕造方法は、木材を調達して一定の大きさに切り、数日間海水に浸けてから乾燥させる。その後、職工が版木を彫る段階で、その版下本を

書いたりもした。それと並行して、教宗出身の守其(スギ)などが中心となり開宝蔵・契丹版大蔵経・初雕大蔵経などの経典内容を対校する作業も行われていた。

　版木が完成すると、次は印刷の作業に入る。高麗や朝鮮時代の大蔵経印刷に関する記録はあるものの、1,496部6,568巻を１蔵とした場合の具体的な紙の数字は不明である。そこで、1915年に印刷された時の記録を見ることとする。当時は折本装で１蔵（6,805帖）、袋綴本装２蔵（１蔵2,320冊）の計３蔵が印刷されたが、製本の装丁によって紙の枚数が異なるため、折本装に使われた枚数やその他資材について概観する。

　折本装には数種類の紙が用いられた。まず、印刷用として縦約35cm、横約57cm、重さ約9.4ｇの紙が160,268枚（予備を含めて165,076枚）用意された。製本用紙には、そのうち見返用紙として使うものを印刷用紙と同サイズで6,805枚（予備を含めて6,941枚）、表紙の裏打用紙として使う厚手の白紙6,805枚（予備を含めて6,873枚）がそれぞれ用意された。また、折本用の帙の裏打用紙として白紙2,443枚と板紙388枚を用いた。当時使用された紙は、すべて現地の原料が使われたという。折本装１蔵に必要な紙は、大きさは別として176,000枚程度であったことがわかる。

　その他に、折本表紙用の絹糸を4,455尺、折本帙用の絹880尺、折本題箋用の絹330尺も用意された。また、印刷用品として、松煙墨（17,450個）、馬簾（60個）、草根刷子（60個）、藁刷子（20個）、黄蠟（９kg）、火爐（10個）、硯盤（20個）、定木（20個）、沙鉢（40個）なども備えられた。

　以上、高麗版のように整版の大蔵経では大量の木材が欠かせないが、活字版の大蔵経ではその財源を大幅に抑えることができる。宗存版が活字版を採用した背景には、当時の流行もあったにせよ、少なからず大蔵経刊行にかかる莫大な費用を抑えたいという意図があったのではないか。

また、1蔵の大蔵経を印刷するには、前述したように天海版では12万枚、高麗版では17万枚（表紙などを含む）の紙の他、印刷にかかる諸材料の調達費もかかり、個人の次元では到底成し得ない困難な事業であったことがわかる。

2　宗存の大蔵経刊行

（1）　宗存の大蔵経刊行の動機

聖乗坊宗存は、伊勢内外両宮太神宮の内院であった高日山法楽院常光寺の住持で、天台宗の僧侶であったという以外、詳しいことはわかっていない。宗存の大蔵経刊行の動機については、『一切経開板勧進状』に記されているので、まずはそれから見ていくこととする。

　　特に十方の檀那合の助成を受け、①一大蔵経を摺って開版し、伊勢神宮の内宮に奉納する。常明寺は鎮護国家の霊場であり、現世来世の二世にわたって大安楽を得るという願望を満たす。書状にいう。仏や菩薩が衆生済度のためにその本地の知徳を隠し煩悩の塵に応同して衆生と縁を結ぶ。縁を結び衆生に利益を与える春の花は曲願万機の園に薫り、説法成道の秋月は仏が衆生を利益することを照らす。②故に内外両大神宮は、外面は仏法と関係ないといえども、内面は経巻を崇敬している。これによって法楽（読経・奏楽）の祝言や祭礼の祓いで経呪陀羅尼の言句を唱えていた。これに加えて、両宮には大蔵経が安置され、いちずに神道の神力が増す儀式を行っていたが、近年衰えて一蔵も残っていない。こうした状況を見聞きし、悲歎するばかりである。貧しさが諸道を妨げる。大蔵経を開版する志はあるが、遂行できない。同時に、天下が静謐で国土豊饒の時節であった。君には仁徳があり、臣は忠信を行い、信頼している。③1

部1巻を寄付し、一紙に半銭の助成を仰いで、大蔵経を開版し印刷する大願を遂げる。④書写すれば一定せず落損字欠滅の句があり、摺写して校合して正せば、損字欠滅の句が生じない。つまり、末代まで諸宗の手本となるものを備えようとして、無明の世の中において、広く天下に流布して、広く世間の衆生を利益しようと思う。伝え聞くところによると、天帝は般若の威力によって頂上王の難を逃れ、普明王は八偈の講釈に報いることよって、斑足王の害を免れた。これを加えて、中天竺の摩訶陀国の倶転婆羅門は随求陀羅尼の徳力によって、地獄が浄土に変わった。大唐の枕慈童は普門品の2句の偈を受持して800余歳の寿命を保ち、日本の役行者は孔雀明王呪を受持して、自由に空を飛べた。その他、三国伝来の諸祖や精進勇猛の僧俗の経呪陀羅尼の奇特な霊験は、計り知れないほど多い。1偈1句の功徳はなお深いが、それが1部1巻になるともっと深いのである。1部1巻の功徳はなお広いが、一切経ではどれほどのものか。そこで、結縁助成する人に身分がなく、奉加施入する世のすべての人は、現世においては神道に願いが聞き入れられるため福禄寿の思いのままであり、子々孫々代々繁昌する。来世においては諸仏が随喜するため、十方浄土に往生する。三身万徳の妙果を極め、三徳秘蔵の妙理を悟り、よって勧進の旨は前述した通りである。

伊勢太神宮　一切経　本願　常明寺
慶長18年（1613）暦　正月　吉日　　　勧進沙門敬白する。[11]

下線部①では、大蔵経開版の目的が語られている。即ち、十方の檀那の助成を受け、大蔵経を開版して伊勢神宮の内宮に奉納することが目的である。伊勢内宮の宮寺である常明寺は鎮護国家の霊場であり、そこに

大蔵経を奉納することで現世来世の二世にわたって安楽を得ようとしていた。

　下線部②では、伊勢神宮で以前から経典を読誦していたことが語られている。即ち、伊勢の内外両神宮では内面は経巻を崇敬しており、法楽の祝言や祭礼の祓いで陀羅尼を唱えていた。以前は、内外両宮に大蔵経が安置され、神道の神力が増す儀式を行っていたようであるが、近年1蔵も残らず退転してしまったのを嘆いていた。伊勢神宮に大蔵経が無くなって以降、それを開版する志はあったものの遂行できない状況であった。最近になり世の中が静謐を取り戻し、これを実行しようとした。

　伊勢神宮に大蔵経がいつ奉納され、いつまで存在していたかは不明である。しかし、建長元年（1249）には、前太政大臣であった西園寺実が家伝の宋版『大般若波羅蜜多経』600巻を伊勢神宮に奉献して転読をさせている。その目的は、彼の娘である大宮院姞子が後の深草・亀山天皇の生母となり、西園寺家と天皇家に姻戚関係ができたため、天皇の向後の安穏を祈ったものである。(12)伊勢神宮は国家鎮護の最高神として日本全国からの参拝や崇敬を受けていることから、宗存も伊勢神宮に大蔵経を奉納し、神道の儀式を行うことで国家を護ろうとしていたようである。

　宗存の大蔵経刊行事業は13年に及んだが、残念ながら全蔵が刊行されていない。しかし、大蔵経の印刷に使われた活字が幸いにも残されている。その活字数は163,925点で、罫線材や字間材など印刷用部材を入れると、総数は184,000点に及ぶ。(13)木材の調達、木活字を彫る職人、(14)紙などの印刷にかかる資材を含めると莫大な費用になるが、下線部③からして宗存はそうした費用を諸檀那からの助成を受けて補っていたようである。

（2） 現存経典での内容の検討

さて、下線部④に大蔵経を書写すると、文字は一定せず書き損じなどが生じる可能性があるが、校合して正して印刷すれば、それが生じないとある。そうすることによって、末代まで諸宗の手本となる経典を備えることができ、世の中に広く流布させ世間の衆生を利益しようと考えていたようである。そこで、現存する宗存版の中で4つの経典を底本である高麗版と比較した。その結果を簡単に整理すると、以下の通りである。

1）『舎衛国王夢見十事経』（国立国会図書館蔵）
　①版式：1行14字　折本装　「乙卯歳（1615）大日本国大蔵都監奉勅雕造」の刊記がある。
　②宗存版と高麗版の文字の異同　高：縄　為　烏　勅　悪　奪
　　　　　　　　　　　　　　　　宗：繩　爲　象　勅　惡　奪

宗存版に使われている「繩」「爲」「象」「惡」「奪」などは基本字であるが、高麗版は交換略字や古字である。但し、高麗版では「勅」のみ基本字を使用している。文字の異同はあるが、経典の内容は変わらない。

2）『仏説一切如来金剛寿命陀羅尼経』（国立国会図書館蔵）
　①版式：1行17字　折本装
　②文字の異同　高：殑　最　為　尊　面　天　等
　　　　　　　　宗：兢　宼　爲　尊　面　夭　苧

「最」「天」「等」は高麗版で、「爲」は宗存版でそれぞれ基本字を使っている。但し、「兢」「殑」に関しては、高麗版や他の大蔵経では後者を使っているが、どちらも「キョウ」という音で、経典によっては前者も使用しており大差はないと考えられる。

３）『大般若波羅蜜多経』巻16（本證寺蔵）
　①版式：1行17字　折本装
　②文字の異同　高：虜　為　陏
　　　　　　　　宗：處　爲　陀
　　　　　　　　（※宗存版の漢字はすべて基本字を使用している。）

４）『阿弥陀鼓音声王陀羅尼経』（龍谷大学図書館蔵）
　①版式：1行17字　折本装　「丁巳歳（1617）日本国大蔵都監奉勅雕造」の刊記がある。
　②文字の異同　高：為　虜　陏　刹　哉
　　　　　　　　宗：爲　處　陀　利　哉
　　　　　　　　（※宗存版の漢字はすべて基本字を使用している。）
　③特徴：2〜4張の最初に「鼓音声王経　第二張　讚」の柱題（版首題）がある。

　以上、宗存版と高麗版では経典の内容が変わるような大きな違いはなかったが、双方で使われている漢字が異なる。4点に共通する漢字では「爲」、それ以外にも「處」や「陀」は、宗存版では基本字を使っている（下線部の漢字が基本字）。また、『仏説一切如来金剛寿命陀羅尼経』を除いて、宗存版は基本字を多く使用している。高麗版には7,489種29,478字の異体字・別体字が使われているというが、宗存版はそれを踏襲しているわけではないことがわかる。
　さて、『仏説一切如来金剛寿命陀羅尼経』は、基本字以外の漢字が双方で使われている。そして、それ以外にも第2張4行目以降の陀羅尼の漢字とその数が異なっている。陀羅尼部分の漢字の異同に関しては、異体字や同音異字を使っている場合があり、底本である高麗版とは異なる

部分がある。しかし、陀羅尼の数は宗存版が25個であるのに対し、高麗版は26個である。

　では、どうして漢字の異同や同音異字、陀羅尼の数が異なるのか。実は、宗存は室町時代の刊本『金光明最勝王経』を所持しており、その紙背には21部の経典が書写されていた。その中には、『仏説一切如来金剛寿命陀羅尼経』や『阿弥陀鼓音声王陀羅尼経』も含まれている。前者には「慶長十七壬子十二月廿日夜二条御幸町逗留之時宗存書之」、後者には「山城国八幡宮一切経蔵借用京洛二条写之」とそれぞれ書かれていることから、宗存は慶長17年（1612）に山城国石清水八幡宮の一切経蔵から上記の諸経典を借用して、京都の二条御幸町でそれらを写していたことがわかる。そして、これら21部の経典が宗存版として刊行されていることは興味深い。

　そこで宗存版と高麗版、石清水八幡宮旧蔵で現在は宮内庁図書寮文庫所蔵の福州東禅寺覚院及開元禅寺版大蔵経（以下、宮内庁宋版と略称）の三種類の大蔵経で陀羅尼部分を比較した結果、高麗版と宗存版の一致は11個、3本一致は9個ある一方、宗存版と宮内庁宋版との一致はない。陀羅尼部分でも、基本的に宗存版は高麗版に倣っているが、宮内庁宋版に倣っている点も見られる。特に、宗存版25番目の陀羅尼は、宮内庁宋版が25個なのに倣って高麗版の25番目と26番目を一つにまとめたようである。＜表＞参照。

　漢字の異同や『仏説一切如来金剛寿命陀羅尼経』に見られる陀羅尼の数の違いから、宗存は慶長17年に書写した21部の経典と高麗版とを校正していたのではないか。宗存版が高麗版だけを底本としていたなら、『仏説一切如来金剛寿命陀羅尼経』は『舎衛国王夢見十事経』と同様に漢字の異同のみであったはずである。また、『阿弥陀鼓音声王陀羅尼経』で比較すると、宗存版と高麗版は陀羅尼の数は53個であるが、影印

表 『仏説一切如来金剛寿命陀羅尼経』陀羅尼部分の比較

高麗版大蔵経	宗存版大蔵経	東禅寺覚院及開元禅寺版大蔵経
怛脛他一	怛脛他一	怛你也二合去引陀一
者梨二	者梨二	者梨二
者攞　者梨三	者攞者梨三	者攞引者梨三
弥娜知薩嚩二合薩底二合稽四	弥那垢薩嚩薩底二合稽四	尾娜胝薩嚩二合薩底二合稽四
研訖浪二合葉南五	研訖浪二合葉南五	研訖浪二合葉喃五
鉢囉二合　舍滿都薩婆路誐六	鉢囉二合　舍滿都薩婆路誐六	鉢囉二合　舍滿都六
薩婆薩怛嚩二合　南七	薩婆薩怛嚩二合　南七	薩嚩路引誐薩嚩薩怛嚩二合　南七
阿娜鯨八	阿娜鯨八	阿娜鯨知解反八
俱娜鯨九	俱娜鯨摩訶娜鯨九	俱娜鯨九
遮嚇遮嚇十	遮嚇遮嚇十	摩賀娜鯨十
係麼澆牛矯反　哩十一	係麼澆牛矯反　嚛十一	者嚇者嚇係麼澆哩十一
係麼你鏵尼十二	係麼你鏵尼十二	係麼你鏵尼去十二
係麼尸棄十三	係麼尸棄十　※1	係麼尸棄十三
矯囉微十四	矯囉微十四	矯囉微十四
矯囉迷十五	矯囉迷十五	矯囉謎十五
係俱囉微十六	係俱囉微十六	係俱囉微十六
俱囉嘌十七	俱囉梨七　※2	俱囉嘌十七
俱麼底十八	俱麼底十八	俱麼底十八
微捨麼泥十九	微始麼泥麼泥十九	微捨麼抳麼抳十九
戌戌毗嚩二十	戌戌毗嚩二十	戌戌毗引嚩二十
阿者梨二十一	阿者梨二十一	阿者梨二十一
弥者梨二十二	祢者梨二十二	彌者梨二十二
麼尾覽麼二十三	麼尾覽麼二十三	麼尾嚂麼二十三
戸毛戸毛二十四	戸毛戸毛二十四	戸暮戸暮二十四
唵二十五	唵麼折羅諭師某甲二十五　薩嚩訶	唵嚩囉二合諭嚂某甲薩嚩二合賀引二十五
麼折囉諭師某甲二十六　薩嚩訶		

※1には「十三」、※2には「十七」と入る予定であったと考えられる。

の磧砂版大蔵経(以下、磧砂版と略称)では52個であった。このことから、『阿弥陀鼓音声王陀羅尼経』は高麗版と宗存が書写したそれとは相違がなかったと考えられる。つまり、下線部④に関しては、一部ではあるものの経典を校正していたと考えられる。

3 宗存版大蔵経の底本の検討

　宗存版の装丁は折本装と袋綴本装の二種類がある。前者は大蔵経で、後者は大蔵経に入蔵されている『法苑珠林』と天台関係の典籍などである。印刷年代を見ると前者が古く、後者が新しい。

　折本装の版式には二種類あり、慶長年間(1596～1614)に印刷されたものは1行14字、1張が22行であるのに対し、元和年間(1615～1623)以降に印刷されたものは一部を除いて1行17字、1張23行である。また、袋綴本装にも印刷様式に三種類がある。

　経典の場合、高麗版を底本にしたことが、慶長18年(1613)の『大蔵目録』3帖やその刊記をそのまま模倣した刊記、それと同じ「千字文」函号を使用している点などからもわかる。一方、1行14字という版式は当然高麗版の体裁に倣うものであり、1行17字は宋版大蔵経のそれに倣ったものであるという見解もある。そこで、宗存版を装丁や版式に分けて、高麗版の該当経典とを比較し、それらの底本について検討する。

(1)　1行14字の経典の検討

　上記の宗存版の中で版式が1行14字の経典は、『舎衛国王夢見十事経』(国立国会図書館蔵)のみであった。『舎衛国王夢見十事経』は、宗存版と高麗版の比較によって文字の異同があったことは先述した通りであるが、小山正文の指摘の通り、宗存版には「乙卯歳大日本国大蔵都監奉勅雕造」という刊記があり、高麗版のそれを模倣していることがわか

る。高麗版『舎衛国王夢見十事経』の刊記は「癸卯歳高麗国大蔵都監奉勅雕造」とあり、千字文函号も「若」と同じである。

また、『舎衛国王夢見十事経』には、経文と刊記の間に「この経を見ると、『増一阿含経』巻51の大愛道般涅槃品と同じで訳が異なる。国本と宋本は文章と意味は同じで、この契丹版は宋本と意味は同じで文章が異なるので、一度翻訳したものではなく、どれが正しくて、どれがそうでないかわからない。また、どれを択び、どれを捨てたらいいのかもわからない。しかし、契丹版は詳しい。今は二種類があるので、後の賢哲の判断を待つ」という一文がある。これは、高麗版を造る時に、個々経典の校勘を担当していた守其らがその内容を記録したものである。宋本(開宝蔵)、国本(初雕大蔵経)、契丹本(契丹版大蔵経)などを対校し、様々な経録なども参考にして、誤謬を正した。それを30巻にまとめたものが『高麗国新雕大蔵経校正別録』である。『舎衛国王夢見十事経』の校勘の内容は、国本と宋本は内容が同じであるが、契丹本は文章が異なることを確認し、両本ともそのままにし、後の賢哲の判断を待っている。この校勘記は高麗版にもあり、尚且つ内容も全く同じ(文字の異同もない)ことから、『舎衛国王夢見十事経』はそれを底本としていることが確認できた。

(2) 1行17字の経典の検討

1行17字の版式の経典は、『仏説一切如来金剛寿命陀羅尼経』(国立国会図書館蔵)、『大般若波羅蜜多経』巻16(本證寺蔵)、『阿弥陀鼓音声王陀羅尼経』(龍谷大学図書館蔵)がある。

この中で『阿弥陀鼓音声王陀羅尼経』の巻末には「丁巳歳日本国大蔵都監奉勅雕造」という刊記があり、元和3年(1617)に印刷されたことがわかる。1行17字の版式を持つこれらの経典の中で刊記があるのはこ

れだけである。なぜ、1行14字から17字に変わったのかは不明であるが、この頃に版式が移行しつつあったようである。小山正文はこの違いによって印刷年代で区分し、1行14字の経典を初期宗存版、1行17字の経典を中期宗存版と指摘している。

『大般若波羅蜜多経』巻16には千字文函号「地」が付いており、高麗蔵も同様に「地」であった。『阿弥陀鼓音声王陀羅尼経』の千字文函号は「讃」であり、高麗版のそれと一致する。しかし、『仏説一切如来金剛寿命陀羅尼経』では確認できなかった。千字文函号の有無も版式の変更と同時に削除されたのかもしれない。

さて、『阿弥陀鼓音声王陀羅尼経』の第2張から第4張の最初に小字で「鼓音声王経　第二張　讃」という柱題も印刷されている。底本である高麗版にも同様の柱題が印刷されているが、各張の後ろにあった点が異なる。今回比較に用いた『大般若波羅蜜多経』巻16の柱題は、各張の紙継ぎの関係で確認できなかった。そこで『大般若波羅蜜多経』巻221で確認すると、「大般若経　二百二十一巻　第十一張」という柱題が印刷されていることから、『同』巻16も印刷されていると考えられる。柱題は、底本となった高麗版には各張の前か後に必ず印刷されており、前にある場合は版首題、後にある場合は版尾題とも呼ばれている。これは版木一枚一枚に彫られており、どの経典の何巻何張かを確認するための役割も果している。宗存版の場合も同様に小字で「鼓音声王経　第二張　讃」と印刷されているが、「鼓音声王経」とは『阿弥陀鼓音声王陀羅尼経』を、「第二張」とは第2紙目を、「讃」は千字文函号をそれぞれ意味する。

先述したように、経文に使用されている漢字が正字か異体字・別体字を使用していることや版式が1行17字であること以外は、高麗版と同じことからそれを底本としていると考えられる。

以上、1行14字と1行17字の版式の宗存版の底本は、高麗版であることが確認できた。

（3）『法苑珠琳』の検討
　現在、『法苑珠林』100巻が叡山文庫に所蔵されている。この『法苑珠林』は匡郭、版心、上下花口魚尾、黒口をもつ袋綴本装で、版式は1行17字、1張20行である。これは、宗存によって元和7年（1621）9月15日から寛永元年（1624）12月27日までの前後4年を費やして100巻が完成したことが、巻末にある「伊勢太神宮一切経本願常明寺宗存敬梓　寛永元年甲子十一月十一日」などの刊記からわかる。
　そこで、『法苑珠林』巻22、81、83の3巻を高麗版と比較した。その結果、高麗版では「鬢」、「萬」、「常」などの文字が使用されているが、宗存版では「剃」、「万」、「恒」などが使われている。そして、高麗版では「和尚」となっているが宗存版では「和上」となっているなど、双方で漢字の相違が見られる。また、両者の経文には漢字の出入りがある。例えば、高麗版の『法苑珠林』巻22、第14張目に「方便勧佐令成勿作」とあるが、宗存版では「方便勧令成勿作」とあり「佐」がない。高麗版の『同』巻81第7張20行目に「不知飯及麦飯不」とあるが、宗存版では「不知飯及麦飯」となっており、「不」がない。
　次に千字文函号について調べて見ると、高麗版では22巻が「困」、81・83巻は「會」であったが、宗存版では22巻が「鍾」、81・83巻は「府」であり、異なることがわかる(26)。また、巻81の「施度量境部篇六」「福田部第七」などの小見出しがあるが、そこでも相違がある。例えば、高麗版では前述のように「施度量境部篇六」「福田部第七」「相対部第八」「財施部第九」となっているが、宗存版ではそれぞれ「量境部篇七施部之餘」「福田部第八」「相対部第九」「財施部第十」と数字が一つずれ

ている。

　以上のことから、元和7年（1621）9月から寛永元年（1624）12月までに印刷された『法苑珠林』100巻の底本は、高麗版ではないことがわかる。そこで、『法苑珠林』巻22、81、83の千字文函号、『同』巻22の文字の相違、『同』巻81の小見出しなどを宋の思渓版大蔵経（以下、思渓版と略称）で確認した結果、千字文函号と巻81の小見出しは宗存版『法苑珠林』と思渓版で一致した。巻22・81の文字の相違や脱落部分についてもほとんどで宗存版『法苑珠林』と思渓版が同じであったが、一部の文字には高麗版と思渓版で一致するものもあった。

　ただし『法苑珠林』に関しては、版式が1行14字、1行17字で、匡郭、版心、上下花口魚尾、黒口などのないものが確認されている。これは恐らく1行14字から17字に移行した元和期に印刷されたものと推定されており、且つ千字文函号（覇〜何）も高麗版と一致することから、叡山文庫蔵のそれとは版式が異なるものが存在していると指摘されている。[27]

（4）　底本の検討
1）　1行14字、17字の版式の経典の底本
　宗存版の底本に高麗版が使われていたこと、叡山文庫所蔵の『法苑珠林』はそれ以外の大蔵経（恐らく宋版大蔵経）が使われていた可能性が高いことは前述した通りである。では、高麗版や宋版大蔵経はどこに所蔵されていたものを底本としたのかについて検討したい。
　宗存の大蔵経刊行事業は、京都の北野経王堂で行われていた。また、宗存自身も『勧進状』が刊行される前年に高麗版の『大蔵目録』巻上をはじめ、20部ほどの経典を京都の二条御幸町で書写している。つまり、宗存は大蔵経刊行に際して、その底本も京都で入手した可能性は高い。大蔵経の刊行だけでも莫大な費用がかかるのに、その上底本を京都以外

の地方から取り寄せるとなると、それだけでも時間と別途の費用がかかるからである。

　では、宗存はどこに所蔵されていた高麗版を底本として使ったのか。京都に限定するなら、室町時代には朝鮮から20蔵の（高麗版）大蔵経が伝来していたが、応仁の乱などの戦乱によってそのほとんどが焼失し、宗存が大蔵経を刊行した当時に残されていた大蔵経はごくわずかであったと考えられる。その中で最も可能性が高いのが建仁寺の高麗版である。斎藤彦松は宗存版の『預修十王生七経』と『寿生経』は、建仁寺両足院所蔵の朝鮮刊本と内容絵相がよく一致することから、宗存は建仁寺に所蔵されていた高麗版を使い、大蔵経刊行を企てたと指摘している。(28)建仁寺の高麗版は、康正3年（1457）に足利義政が使者として永嵩、全密、慧光などを朝鮮へ派遣して、大蔵経と寺院創建の費用を要請し、翌年に日本に齎された。江戸時代には、妙心寺でそれが書写されたり、忍澂の大蔵経の対校本として用いられるなど、善本としての価値が高かったようである。しかし、天保8年（1837）に火災に遭い大部分が焼失し、現在は48函337帖、124冊しか残されていない。また、現在京都の寺院などに所蔵されているその他の高麗版は、宗存の大蔵経刊行以降に奉納されたものもあり、それらが使われた可能性は極めて低い。

　さらに、前述の『預修十王生七経』と『寿生経』は、従来高麗版には入蔵されていない経典である。宗存は高麗版に入蔵されていなかった上記の経典も刊行したことから考えると、建仁寺所蔵のそれが底本として使われた可能性が最も高いと考えられる。

2）叡山文庫所蔵『法苑珠林』の底本

　叡山文庫所蔵『法苑珠林』は、高麗版とは異なる底本（大蔵経）を用いて刊行された可能性が高いことは前述の通りである。では、どこの大

蔵経を用いたのか。

　室町時代、足利氏の要請により朝鮮から伝来した大蔵経の中には、高麗版ではないものも含まれている可能性がある。宗存が大蔵経刊行事業を行っていた北野経王堂には、応永19年（1412）に覚蔵坊増範という僧侶が発願し、同年3月17日から8月18日までの5ヶ月という非常に短い期間に、東は越後・尾張、西は九州肥前・薩摩など諸国の僧俗200余人の合力を得て勧進書写した北野社一切経の存在がある。北野社一切経の底本は、ほとんどが思渓版であり、ごく一部ではあるが高麗版が混ざっているという見解がある。しかし、北野社一切経の『大般若波羅蜜多経』は高麗版を底本として書写されており、その他15部15帖も版式からそれを底本としていることが指摘され、その他の経典については従来の指摘通り思渓版を底本としているという見解もある[30]。

　さて、宗存が大蔵経の刊行事業を北野経王堂で行っていたことから、底本のほとんどが思渓版とされた北野社一切経との関係も無視できない。叡山文庫所蔵の『法苑珠林』は、文字の相違や千字文函号などが思渓版と一致することからから北野社一切経のそれを底本とした可能性も充分に考えられる。その他、足利氏の要請により伝来した大蔵経の中に中国版の大蔵経があった可能性もあるが、京都にどれほどの宋版大蔵経があったかは不明である。宋版や元版の大蔵経は、宗存が大蔵経を刊行した当時に南都や近江にも存在しているため、範囲を広げるとその可能性も広がるが、それを特定するだけの根拠がないため、ここでは北野社一切経の可能性だけを指摘しておく。

おわりに

　以上、近世日本で先駆けとなった宗存の大蔵経刊行について考察した。大蔵経の刊行には、それにかかる莫大な費用や安定した政権の確立が必

須条件であったが、日本でその条件を満たすことができたのは江戸時代になってからであった。

高麗版のように整版では大量の木材が必要であるが、活字版の大蔵経ではそれを大幅に抑えることができる。宗存版が活字を採用したのは、当時の流行もあったと考えられるが、何よりも大蔵経刊行にかかる費用削減を念頭に置いていたようである。また、1行17字、1張24行の版式をもつ天海版では一蔵に12万枚、1行14字、1張23行の版式の高麗版では17万枚（表紙などの紙を含む）の紙が必要であった。宗存版の版式が1行14字、1張22行から1行17字、1張23行に変更したのも、紙の費用を抑えるためであったと推測できる。

従来、宗存版の研究において、その底本との比較が一部しかなされていなかった。[31] 今回、4点の経典の比較から、宗存版は高麗版の復刻ではないこと、一部ではあるが校正していたことが明らかになった。これに関しては『一切経開板勧進状』の通りであり、宗存の意思でもあったと考えられる。底本に善本としての誉れが高い高麗版を選んだのは、さらなる校正により末代まで諸宗の手本となるものを備えようとしたからではないだろうか。

最後に、宗存版の底本について検討した。1行14字、1張22行の版式と1行17字、1張23行の版式の経典（折本装）は、刊記や柱題の形式、巻末の校正録から判断して、その底本は高麗版だと断定でき、従来の指摘通り建仁寺蔵のそれが使われた可能性が高いと考えられる。しかし、袋綴本装の装丁である叡山文庫所蔵の『法苑珠林』は、底本が高麗版ではなく、宋版の大蔵経の可能性が高いと判断できる。そして、『法苑珠林』は宋版大蔵経を底本とした可能性があることから、宗存が大蔵経を刊行した北野経王堂と関係の深い北野社一切経の『法苑珠林』の可能性を指摘した。しかし、資料不足によって充分な検討ができなかったため、

可能性にとどめて今後の研究の進展に期待したい。

【注】
（1） 折本装は経典・講式、袋綴本装は天台典籍、巻子本装は『九重守』などに分かれている。
（2） 1行14字乃至15字の版式をもつ経典は慶長年間（1596～1615）に印刷されているため宗存版の中でも初期のものに属し、1行17字の版式のものは元和年間（1615～1624）に印刷されているため、中期に属すと判断される。但し、双方とも字高は21.5㎝程度と一定している。小山正文「林松院文庫の宗存版」（『歴史と仏教の論集：日野照正博士頌寿記念論文集／日野照正編』自照社出版、2000年）305頁。
（3） 刊記が見られなくなったのは、後陽成上皇（1571～1617）が1617年（元和3）8月に47歳で崩御した後からである。この点から、宗存の開版した大蔵経は後陽成上皇の勅で出版されたと言われている。斎藤彦松「宗存版の研究」（『同志社大学図書館学会紀要』3、同志社大学図書館学会、1960年）26頁。
（4） 滋賀県教育委員会事務局文化財保護課編『延暦寺木活字関係資料調査報告書』（2000年）の『宗存版大蔵経』の版本一覧表（218～232頁）、岡雅彦「瑞光寺蔵宗存版について」（『国学院大学紀要』45、2007年）などを参照。この中には断簡や紙背に使われているものも含まれる。
（5） 上記の注以外の主な研究に、禿氏祐祥「高麗本を模倣せる活字版大蔵経に就て」（『六条学報』227、第一書房、1920年）、是沢恭三「常明寺宗存の出版事業」（『書誌学月報』17、1984年）、小山正文「宗存版一切経ノート」（『同朋仏教』20・21、1986年）、小山正文

「宗存版『大蔵目録』」（『同朋大学仏教文化研究所紀要』22、2002年）、小山正文「寛永二十年版『黒谷上人語灯録』の表紙裏より抽出された宗存版」（『同朋大学仏教文化研究所紀要』26、2006年）、水上文義「新指定重文・延暦寺蔵『宗存版木活字』について」（『天台学報』43、2001年）などがある。

（6）禿氏祐祥「高麗本を模做せる活字版大蔵経に就て」（『六条学報』227、第一書房、1920年）。

（7）『高麗史』巻24、高宗38年9月壬午条「壬午。幸城西門外大蔵経板堂、率百官行香。顕時板本、燬於壬辰蒙兵。王與群臣更願、立都監、十六年而功畢。」

（8）記録から見る限り、高麗時代から1968年まで高麗版は18度印刷されている。その中で、印刷にかかる経費や使用される紙の量などがわかるのは、次の通りである。まず、定宗元年(1399) 1月に、太祖が私財を投じて大蔵経を印刷する時に、東北面に蓄えていた豆と租540石を端州・吉州の2つの地域の倉庫に納入させ、海印寺近郊の諸地域の米豆と租の数量通り交換させている（『定宗実録』定宗元年1月9日条）。これは、大蔵経印刷に使う経費と考えられる。太宗13年(1413)には、大蔵経を印刷する紙を豊（黄）海道・京畿道・忠清道で用意して260束を海印寺に送らせている。その他に、大蔵経印刷の関係者と僧侶にも給料を支給するように命じている（『太宗実録』太宗13年3月11日条）。

世祖4年(1458)には、高麗版大蔵経50蔵を印刷している。この時は、2月に着手し6月以前に終わらせようと、その前年から準備に入った。桂陽君李増は、大蔵経50蔵を印刷する紙345,386巻を忠清道(51,126巻)・全羅道(99,004巻)・慶尚道(99,004巻)・江原道(45,126巻)・黄海道(51,126巻)の各道に命じて作らせている。

その他に、印刷する際の墨を6,124丁と黄蠟を440筋も各道で準備させている（『世祖実録』世祖3年6月26日条）。
　50蔵の大蔵経を印刷する時には、345,386巻の紙が必要であったことがわかる。この時印刷された大蔵経の1蔵は増上寺に所蔵されている。その大蔵経に使われた紙は、印刷用紙だけで153,723枚であった。では、当時朝鮮の各道から集められた紙345,386巻という単位は、どのような単位であったのか。50蔵の大蔵経を摺るのに34万巻が必要であったとすると、1蔵では6,900巻となることから、この紙の単位は経典一巻の単位を示しているのではないかと考えられる。

（9）袋綴本装にも数種類の紙が用いられた。印刷用紙は、縦約46cm、横約63cmの紙を320,536枚（予備を含めて330,152枚）、製本用紙は2,320枚（予備を含めて2,385枚）をそれぞれ用意した。表紙裏打用紙は、縦約46cm、横約63cmの大きさの紙を2,320枚（予備を含めて2,385枚）用意した。袋綴本装表紙裏打用紙は白紙2枚を用いることとし縦約46cm、横約63cmの紙を4,686枚用意した。袋綴本装用の見返用紙は4,640枚（予備を含めて4,732枚）用意した。その他題箋用紙として2,320枚（予備を含めて2,329枚）、折本帙の裏打用紙として白紙2,443枚と板紙388枚を用いた。これらの原料はすべて朝鮮産である。

（10）小田幹治郎『高麗板大蔵経印刷顛末』（泉涌寺、1923年）6～7頁。

（11）広隆寺蔵『一切経開板勧進状』（滋賀県教育委員会事務局文化財保護課編『延暦寺木活字関係資料調査報告書』2000年、241頁）
　　　　敬白　　　　　　　勧進沙門宗存
　　　特請蒙 二十方檀那助成 一、開 二梓摺 一写一代蔵経 一、奉 二納内外両

太神宮之内院ー、常明寺為ニ鎮護国家之霊場ー、令ㇾ満ニ二世大安楽願望ー、状云、夫以、和光同塵結縁之始、八相成道以論其終矣、然則結縁利物之春花、薫ニ曲願万機園ー、説法成道之秋月、照ニ随宜益物之袂ー、故内外両大神宮、外雖ㇾ隔ニ仏法ー、内崇ニ敬経巻ー、固茲、法楽之祝言、祭礼之御秡、経呪陀羅尼之言句也、加之、両宮共安ニ置大蔵経ー、専雖ㇾ備ニ神道増威之法味ー、近年令ニ退転ー不ㇾ残ニ一蔵、見ㇾ此聞ㇾ彼難ㇾ止悲歎ー、貧妨諸道有ㇾ志無ㇾ遂、併天下静謐時、国土豊饒節、君有ニ仁徳ー臣行ニ忠信ー頼哉、仰ニ一部一巻之奉加、一紙半銭之助成ー、遂ニ蔵経開板摺写大願ー、書写者展転而有ニ落損字闕減之句ー、摺写者校合而無ニ落損字闕減之句ー、所謂欲ㇾ備ニ末代諸宗亀鏡ー、挑ニ巨夜長灯ー、普流ニ布天下ー、広利ニ益衆生ー、伝聞、天帝者依ニ般若之威力ー、遁ニ頂上王之難ー、普明王者酬ニ八偈之講釈ー、免ニ斑足王之害ー、加之、中天竺摩謁陀国俱博婆羅門者、依ニ随求陀羅尼之一字功力ー、忽変ニ地獄ー成ニ浄土ー、大唐之慈童者、受ニ持普門品二句偈ー、保ニ八百余歳寿齢ー、日本役行者、受ニ持孔雀明王呪ー、得ニ飛行自在ー、其外三国伝来之諸祖、精進勇猛之緇素、経呪陀羅尼之奇特霊験、不ㇾ可ニ勝計ー、一偈一句之功猶深、況於ニ一部一巻ー乎、一部一巻徳尚広、況於ニ一切経満足ー乎、若尓者、結縁助成之貴賤、奉加施入之道俗、現世者神道納受故、福禄寿位如意満足、子子孫孫代代繁昌、当来者諸仏歓喜故、十方浄土随願意成等正覚、仍如件

伊勢太神宮　　一切経　本願　常明寺
慶長十八年暦正月吉日　　　勧進沙門敬白

(12) 中野遠平「神宮法楽大般若経蔵について」(『三重――その歴史と交流――』雄山閣、1989年) 258〜259頁。

(13) 宗存版の活字は、春日版以来の整版に見受けられる肉太で雄渾かつ暢達な字体で彫られ、中国や朝鮮半島及びそれに倣った威厳ある端正な字体とは異なる。水上文義「新指定重文・延暦寺蔵『宗存版木活字』について」(『天台学報』43、2001年) 43頁。

(14) 金地院崇伝(1596〜1633)の『本光国師日記』慶長20年3月26日条には、古活字版の印刷に従事する者を「はんぎの衆」、活字用材を作る者を「字木切」、植字工を「うへて」、印刷担当者を「すりて」、最後の校正担当者を「校合」、彫字する者を「字ほり」などと記されている。副島種経校訂『本光国師日記』(群書類従完成会、1971年)。宗存版の木活字には同種の文字に彫字の相違が見られることから、複数の「字ほり」職人によって彫字されていると推測される。間島由美子「延暦寺蔵宗存版木活字の概要」(滋賀県教育委員会事務局文化財保護課編『延暦寺木活字関係資料調査報告書』、2000年) 12頁。

(15) 李圭甲編『高麗大蔵経異体字典』(高麗大蔵経研究所、2000年) 22頁。

(16) 石清水八幡宮に所蔵されていた大蔵経は、明治2年(1872)に、八幡宮の宝青庵の説禅坊が購入したが、後に江州勢田(現在の滋賀県大津市)の小島某氏の手に渡った。その後内務省が買い上げて内閣を経て現在宮内庁図書寮文庫に所蔵されている。この大蔵経は、福州東禅寺覚院及開元禅寺版大蔵経である。藤堂祐範『浄土教版の研究』(山喜房佛書林、1976年) 184頁。

(17) 長沢規矩也編『日光山「天海蔵」主要古書解題』(日光山輪王寺、1966年) 37〜38頁。小山正文「宗存の印刷事業とその活字」(滋

賀県教育委員会事務局文化財保護課編『延暦寺木活字関係資料調査報告書』2000年）21頁。

(18) 21部の経典の中で2部は高麗版に未収録である。また小山正文は、21部の経典については石清水八幡宮の大蔵経を底本としたのではないかと示唆している。小山正文「宗存版一切経ノート」（『同朋仏教』20・21、1986年）431頁。

(19) 『阿弥陀鼓音聲王陀羅尼経』については、宮内庁図書寮部所蔵の東禅寺覚院及開元禅寺版大蔵経で確認ができなかったため、影印本の磧砂版で確認した。宮内庁宋版と磧砂版は中国の江南地方で刊行された同じ系統に属する大蔵経であることからそれで確認した。竺沙雅章『漢訳大蔵経の歴史――写経から刊経へ――』（大谷大学、1993年）参照。

(20) 但し、宗存版、高麗版、磧砂版の三種類の大蔵経を比較すると、宗存版の第1張9行目「求」は、高麗版と磧砂版は「永」であった。

(21) 斎藤彦松「宗存版の研究」（『同志社大学図書館学会紀要』3、同志社大学図書館学会、1960年）13頁。

(22) 水上文義「新指定重文・延暦寺蔵『宗存版木活字』について」（『天台学報』43、2001年）42頁。

(23) 「按此經與増一阿含經第五十一巻大愛道般涅槃品同本異訳　今国宋二本文義相同　此本與宋義同文異似非一訳未知是非不敢去取然此丹本詳悉今且双存以待賢哲」。

(24) 東国大学校『高麗大蔵経』19巻、666頁下。

(25) 小山正文「林松院文庫の宗存版」（『歴史と仏教の論集：日野照正博士頌寿記念論文集／日野照正編』自照社出版、2000年）305頁。

(26) 叡山文庫所蔵の『法苑珠林』が高麗版のそれとは千字文が異なる

ことは、すでに指摘されている。斎藤彦松「宗存版の研究」（『同志社大学図書館学会紀要』3、同志社大学図書館学会、1960年）25頁。

(27) 小山正文「寛永二十年版『黒谷上人語灯録』の表紙裏より抽出された宗存版」（『同朋大学仏教文化研究所紀要』26、2006年）9頁。

(28) 斎藤彦松「宗存版の研究」（『同志社大学図書館学会紀要』3、同志社大学図書館学会、1960年）22頁。

(29) 臼井信義「北野社一切経と経王堂――一切経会と万部経会――」（『日本仏教』3、1958年）40頁。

(30) 馬場久幸「北野社一切経の底本とその伝来についての考察」（佛教大学総合研究所別冊『洛中周辺地域の歴史的変容に関する総合的研究』、2013年）。

(31) 小山正文「宗存版『大蔵目録』」（『同朋大学仏教文化研究所紀要』22、2002年）。

【参考文献】
『大般若波羅蜜多経』
『仏説一切如来金剛寿命陀羅尼経』
『舎衛国王夢見十事経』
『阿弥陀鼓音声王陀羅尼経』
『法苑珠林』
『本光国師日記』
『高麗史』
『朝鮮王朝実録』
小田幹治郎『高麗板大蔵経印刷顛末』泉涌寺、1923年
滋賀県教育委員会事務局文化財保護課編『延暦寺木活字関係資料調査報

告書』、2000年

大蔵会編『大蔵経――成立と変遷――』百華苑、1964年

大蔵会編『大蔵会展觀目録　自第一回至第五十回』文華堂書店、1981年

竺沙雅章『漢訳大蔵経の歴史――写経から刊経へ――』大谷大学、1993
　年

長沢規矩也編『日光山「天海蔵」主要古書解題』日光山輪王寺、1966年

副島種経校訂『本光国師日記』群書類従完成会、1971年

李圭甲編『高麗大蔵経異体字典』高麗大蔵経研究所、2000年

崔永好『江華京板『高麗大蔵経』의 板刻事業研究――経典의 構成体制
　와 参与者의 出身成分――』景仁文化社、2008年

崔永好『江華京板『高麗大蔵経』의 造成機構와 板刻空間』世宗出版社、
　2009年

崔然柱『高麗大蔵経 研究』景仁文化社、2006年

臼井信義「北野社一切経と経王堂――一切経会と万部経会――」、『日本
　仏教』3、日本仏教研究会、1958年

大塚紀弘「宋版一切経の輸入と受容」『鎌倉遺文研究』25、吉川弘文館、
　2010年

岡雅彦「瑞光寺蔵宗存版について」『国学院大学紀要』45、国学院大学、
　2007年

小山正文「宗存版一切経ノート」『同朋仏教』20・21、同朋大学仏教学
　界、1986年

小山正文「林松院文庫の宗存版」日野照正編『歴史と仏教の論集：日野
　照正博士頌寿記念論文集』自照社出版、2000年

小山正文「宗存版『大蔵目録』」『同朋大学仏教文化研究所紀要』22、同
　朋大学仏教文化研究所、2002年

小山正文「寛永二十年版『黒谷上人語灯録』の表紙裏より抽出された宗

存版」『同朋大学仏教文化研究所紀要』26、同朋大学仏教文化研究所、2006年

是沢恭三「常明寺宗存の出版事業」『書誌学月報』17、青裳堂書店、1984年

斎藤彦松「宗存版の研究」『同志社大学図書館学会紀要』3、同志社大学図書館学会、1960年

禿氏祐祥「高麗本を模倣せる活字版大蔵経に就て」『六条学報』227、第一書房、1920年

中野遠平「神宮法楽大般若経蔵について」『三重――その歴史と交流――』雄山閣、1989年

馬場久幸「北野社一切経の底本とその伝来についての考察」佛教大学総合研究所紀要別冊『洛中周辺地域の歴史的変容に関する総合的研究』佛教大学総合研究所、2013年

藤本幸夫「高麗版大蔵経と契丹大蔵経」『中国仏教石経の研究』京都大学学術出版会、1996年

間島由美子「延暦寺蔵宗存版木活字の概要」滋賀県教育委員会事務局文化財保護課編『延暦寺木活字関係資料調査報告書』、2000年

松永知海「天海版一切経の目録について」『印度学仏教学研究』88、日本印度学仏教学会、1996年

松永知海「日本近世の大蔵経出版について」佛教大学図書館報『常照』51、佛教大学図書館、2002年

水上文義「新指定重文・延暦寺蔵『宗存版木活字』について」『天台学報』43、大正大学天台学会、2001年

水上文義「近世古活字版仏典の梵字活字」『叡山学院研究紀要』24、叡山学院、2002年

水上文義「天海版一切経木活字の特色」『印度学仏教学研究』101、日本

印度学仏教学会、2002年

三井田妙久「宗存版活字について」『叡山学院研究紀要』23、叡山学院、2001年

李智冠「大蔵経　伝来　및　再雕本　印経考」『伽山李智冠스님華甲紀念論叢　韓国仏教文化思想史』上、伽山仏教文化振興院、1992年

柳富鉉「『高麗大蔵経』의　底本과　板刻에　관한　研究」『韓国図書館・情報学誌』32-3、韓国図書館情報学会、2001年

千恵鳳「高麗初雕大蔵経——ユ　源流, 影響　및　異説의　検討를　中心으로——」『成均館大学校人文学』8、1980年

崔然柱「『高麗大蔵経』의　韓日交流와　認識推移」『日本近代学研究19、韓国日本近代学会、2008年

崔然柱「朝鮮時代『高麗大蔵経』의　印経과　海印寺」『東아시아仏教文化』10、東아시아仏教文化学会、2012年

崔然柱「刻成人을　통해　본『高麗国新雕大蔵校正別録』彫成」『東아시아佛教文化』15、東아시아仏教文化学会、2013年

〔付記〕　本稿に必要な文献調査のために、長谷寺・増上寺・本證寺・宮内庁書陵部図書課・龍谷大学図書館には格別のご高配を頂いた。ここに明記して、関係各位に感謝申しあげる。

仏教と戦争
――浄土真宗戦時教学の構造分析を中心として――

元　永　常

[要旨]　日本近代仏教は、明治維新とともに断行された廃仏毀釈によって宗教としての権威が失墜し、また神道国教化の余波によって国家または国家神道の下部構造に転落してしまった。近代日本は、19世紀後半から10年ごとの対外戦争を通して国内外で多くの犠牲者を生んだ。構造的限界を持つ日本の仏教界もまたこのような国家の施策に同調しなければならない運命にあった。本研究は、日本の軍国主義下で自分の教学を歪曲して戦時の状況に適用した過去の歴史を再検討しようとしたもので、いわゆる戦時教学に対する分析である。その中でも日本では最も大きな仏教系の教団である浄土真宗の戦時教学を構造的に分析しようとするものである。

　本研究では、浄土真宗の戦時教学の構造を三つの観点から考察した。一つ目は、仏法と天皇の関係である。その根幹は皇国宗教として教団と国家を一致させていることと、法主の権威を生仏として崇める教団の構造にあると見なした。そして、近代には皇室との親戚関係が強化されていき、真宗教団みずから国家的体制を整えていったのである。その中で戦時教学は、天皇を絶対的存在である阿弥陀如来と同じ位置においている。二つ目は、浄土と生死観の関係を分析した。法主は、生死一如の境地を自然法爾という教義で出兵する兵士に説教している。そして、戦時教学では靖国が浄土ではないと否定してはいるが、還相回向を通して皇国に還ってくる再会の場所として機能させている。これを通して死んでいく兵士たちは、靖国を浄土と認識していたのである。三つ目は、仏教と戦争の関係である。その論理的正当性を二つの点から見た。その一つは、折伏にもとづいた一殺多生の思想であり、もう一つは国家全体に奉仕す

> る滅私奉公の精神である。戦時教学は、仏教の不殺生と鎮護国家の思想
> を対外戦争のために拡大解釈して歪曲させたものであるといえる。

　　　　　　　　　　　は じ め に
　日本の政治学者である丸山真男（1914〜96）は、日本近代国家の出現
について、

　　「天下は天下の天下なり」という幕藩制に内在した「民政」観念が
　　幕末尊攘思想において「天下は一人の天下なり」という一君万民理
　　念に転換したことが、維新の絶対王政的集中の思想的準備となった
　　にもかかわらず、こうして出現した明治絶対主義は、当初から中江
　　兆民によって「多頭一身の怪物」と評されたような多元的政治構造
　　に悩まねばならなかった。[(1)]

といっている。そして彼は、元老・重臣など超憲法的存在の媒介に依存
しなくては国家意思が一元化されない体制が作られたことを、大勢の人
が神体を担ぐ御輿に象徴的に比喩している。丸山真男は、このような日
本の近代的状況を‘無責任の体系’といった。すなわち、復活された王
政を頂点とした下部構造の多元的権力構造によって行われた集合的権力
行事に対する近代国家の跛行についての責任を問わなければならないと
いうことである。
　1868年の明治維新以降、日本は日清戦争（1894年）、日露戦争（1904
年）、シベリア出兵（1918年）、日中戦争（1937年）、太平洋戦争（1941
年）など絶えまなく対外戦争を起こし、隣の国家と国民に苦痛をもたら
した。西欧の科学思想と資本主義を継承した日本は、帝国主義まで模倣
し、西欧のオリエンタリズム（Orientalism）を日本式のネオオリエン

タリズム（Neo-Orientalism）に変形させ、特にアジア侵略の思想的戦略として活用した。このような点で国家体制と類似した教団体制を持っている日本近代仏教界もその戦争の責任から逃れることができない。仏教界もまた無責任の体系下にあるのではないか。

すでに近世江戸幕府によってキリスト教徒を捜し出すための檀家制度が確立された寺院は、国家の下部構造として忠実に機能してきた。また新政府の成立とともに檀家制度の根元である寺請(てらうけ)制度の無効を宣言（1871年）したにも関わらず、日本仏教は、神道国教化の政策により神道の下部構造に編入されなければならなかったのである。近代の多くの仏教家が、神道の国教化は、その時まで無力であった天皇体制の復活であり同時に神道中心の祭政一致国家を形成することであると認識したのであるが、維新とともに断行された廃仏毀釈のため従来の勢力を失い、仏教界はこの状況を受け入れるしかなかったのである。しかし、その結果は惨憺たるものであり、アジアの近代は日本によって跛行の道を踏んでいくしかなかった。

本研究は、このような近代日本の自発的な国家主義化の道を明らかにしていくことに目標がある。そのため国家の路線に合わせた仏教教団の政策のみではなく、宗教内面の世界に潜在している深層原因までを追求していきたい。

近年、東アジアの近代研究の進展により、仏教をはじめ近代日本における各分野の帝国主義的全貌が次々と明らかになっている。このような歴史と宗教分野の研究を基盤として、次は近代日本仏教が国家と結び付いた時に現れた決定的欠陥とは何かという問いを究明していく必要があると思う。したがって、まずその研究の対象を日本最大の宗派である浄土真宗[2]から始め、その前衛思想として構築された戦時教学の全貌を明らかにするためにそのメカニズムを分析していきたい。

1　戦時教学の研究略史

　まず、日本近代仏教と軍国主義との関係を本格的に掘り出した西欧の研究の流れを紹介し、日本と韓国の研究現況を覗いてみることにする。

　この分野で世界的に研究の契機になったのは、ブライアン・ビクトリア（B. Victoria）の一冊の本であった。*Zen War Stories*（1980年初版、2006年には *Zen at War* として出版）が出版されることにより日本仏教界、特に臨済宗が戦争参加に対して誤りを認め、懺悔を表明するようになった。以降西欧ではこの問題に対する研究が活発に進行され、1990年代から2000年代前半までロバート・シャーフ（R. Sharf）、ジェームス・ハイジク（J. Heisig）、ジョン・マラルド（J. Maraldo）、ベルナール・フォー（B. Faure）などによって研究がなされた。彼らの研究の特徴は、主にブライアン・ビクトリアの影響を受け、禅仏教と軍国主義および戦争も対象とすることであり、その内容は禅修行と武士道あるいは生死観（R. Sharf, "The Zen of Japanese Nationalism", *History of Religions* 33: 1, 1993）、禅師および禅関連の学者、特に京都学派（J. Heisig and J. Maraldo, *Rude Awakenings: Zen, the Kyoto School、and the Question of Nationalism,* 1994）、オリエンタリズムの日本的変形（B. Faure, *Chan Insights and Oversights: An Epistemological Critique of the Chan Tradition,* 1994）などであった。

　このような研究に日本国内の研究者たちが反応し、これに対する反論あるいは肯定などさまざまな側面からの研究を活性化させた。特に禅仏教以外に浄土系の宗派まで分野を広げた。しかし、それ以前に日本国内でこのような研究が全然なかったわけではない。代表的な学者は、臨済宗の戦争参加に対して痛烈な反省を提起した市川白弦と、日蓮宗の近代国家主義の矛盾に対して鋭い批判を加えた中濃教篤である。彼らは各々

『仏教者の戦争責任』（春秋社、1970年）、『戦時下の仏教』（国書刊行会、1977年）を出版して教界と学界に反省を促した。しかし、彼らの一生をかけた作業は、両方から等閑視された。このような状況を打開したのが、西欧の研究者であったのである。

　日本での研究は、主に禅宗系、浄土系、そして日蓮宗系列に分けられる。日本の仏教界はだいたいこの三つの宗派の勢力が強く、教団的にも軍国主義およびファシズム体制に最も積極的に同調したからである。

　まず禅宗の場合、工藤英勝は、近代教学の行跡を基盤にして、戦時教学の問題を提起している。彼は、曹洞宗の場合を集中的に研究し、教団が国家との緊張した関係の中でどうして国家主義に傾倒するしかなかったかという点を明らかにしている。たとえば、1990年代後半から「曹洞宗と国家または戦時教学」という主題のもとで明治維新時代の軍人布教（「曹洞宗と国家5──明治期軍人布教」『宗学研究』37、曹洞宗総合研究センター、1995年）、仏典の中の不敬字句除去と皇道仏教との関係（「曹洞宗と戦時教学──「不敬」字句削除の背景」『印度學佛教學研究』46、日本印度学仏教学会、1997年）、在家信徒の修行綱領である『修証義』の製作意図と内容研究（「曹洞宗と戦時教学──『修証義』綱領に関連して」『印度學佛教學研究』47、日本印度学仏教学会、1998年）を通じて曹洞宗戦時教学の形成過程とその内容を粘り強く研究している。

　次は、浄土真宗の場合であり、主だった研究者は竜渓章雄、大西修、白嵜達也などである。彼らの研究は、広範囲に及んでいる。たとえば、浄土信仰と戦争、そして、今日まで提起されている靖国神社の問題（竜渓章雄「日本教学研究所の研究2──総力戦体制下の「真宗教徒錬成」の実践──」『真宗学』龍谷大学真宗学会、1992年）、浄土真宗戦時教学の成立過程（大西修『戦時教学と浄土真宗：ファシズム下の仏教思想』

社会評論社、1995年)、近代浄土真宗知識人の思想的主体性の虚弱性と戦時教学の成立(白嵜達也「「戦時教学」の研究：真宗大谷派を中心に」『龍谷大学大学院文学研究科紀要』27、2005年) などである。

　日蓮宗の場合、戦時教学の核心である近代日蓮主義の全貌が大谷栄一によってよく把握されている(大谷栄一『近代日本の日蓮主義運動』法藏館、2001年)。彼は、また日蓮主義を基盤にした全般的な日蓮宗の国家主義的変貌を宗教学の次元で把握している(大谷栄一『近代仏教という視座：戦争・アジア・社会主義』ぺりかん社、2012年)。しかし、日蓮宗の研究は、まだ初歩の段階に留まっている。また韓国の研究者によって他の側面の研究が進行されていることもある(元永常「日蓮主義の仏法護国論と国体論──田中智学の論理を中心として──」『佛教學報』47、東國大學校佛教文化研究院、2007年)。

　日本の研究者は、三つの教団の戦時教学それ自体の問題を重要視し、これに対する矛盾だけを明らかにしている。またその結果をもたらした教団の責任の問題は指摘してない。なぜなら教団と関係を結んでいる研究者としては戦争参加の矛盾または時代的限界だけを指摘することで戦争の責任問題を避けていくしかない立場であるからである。さらには、山崎光治はブライアンが近代の禅学者鈴木大拙が戦争を容認したと指摘したことについては、擁護する立場に立っている(山崎光治「鈴木大拙の戦争責任について── Brian Vitoria『Zen at War』の所説をめぐって──」『武蔵大学人文学会雑誌』37巻2号、2005年)。

　このような研究とともに、2000年代日本の仏教学界では、栄沢幸二の『近代日本の仏教家と戦争：共生の倫理との矛盾』(専修大学出版局、2002年)、末木文美士の『近代日本と仏教』(トランスビュー、2004年)、安丸良夫の『日本ナショナリズムの前夜：国家・民衆・宗教』(洋泉社、2007年)、阿満利麿の「戦時下の仏教を考える──戦時教学と信仰の矛

―150―

盾——」(『歴史読本』2008年9月号)、大谷栄一の『近代仏教という視座：戦争・アジア・社会主義』(前出) などの著述が出され、近代日本の精神状況と宗教の関係を幅広く理解できるようになった。

　韓国での研究も2000年代後半になってようやく近代日本仏教の研究が東アジアを視野に入れて行われ活気を呈することになった。そのなかの核心は、近代日本仏教の国家主義化の問題である。前の研究の流れの上にあるこのような研究では、趙承美、尹紀燁、元永常などが参加している。

　趙承美の場合、「近代日本仏教の戦争支援——浄土真宗の役割を中心として——」(『佛教學報』46、東國大學校佛教文化研究院、2007年) で浄土真宗が戦争を支援することになった教団構造は、法主を頂点にした権力構造にあると鋭く指摘している。尹紀燁もまた「近代日本仏教の海外布教展開様相——アジア地域の布教に限定して——」(『韓國禪學』20、韓國禪學會、2008年) で国家権力と日本仏教の海外布教権の問題を取り扱っている。元永常は「天皇制国家の形成と近代仏教の跛行」(『佛教評論』28・29、現代佛教新聞社、2006年)、「仏教とファシズム及び軍国主義の相互連関性——浄土真宗の戦時教学を中心として——」(『東西比較文學ジャーナル』24、韓國東西比較文學學會、2011年) などを通じて近代国家と仏教界の構造的問題を考察し、一方では軍国主義およびファシズム国家と個別宗派の戦時教学問題を本格的に研究している。

2　戦時教学の構造

　戦時下での日本仏教界は、他の宗教とともに1941年に第一回大日本宗教報国会開催、太平洋戦争に突入した直後である1942年にはキリスト教およびイスラム教とともに興亜宗教同盟結成、1943年には3教連合財団法人大日本戦時宗教報国会などに参加して1945年の敗戦まで没我報国、

堅忍不抜の精神を涵養することになった。(3)ここには無論浄土真宗も所属しなければならなかった。そのためには、真俗二諦という戦時教学の論理が適用されたのである。浄土真宗では、戦時体制下での教団の指針は最高指導者である法主の「御消息」または管長の「訓告」によって告げ知らせた。特に戦時教学の最盛期であった1937年より1945年までの資料を通してみると、このような真俗二諦の様相がよく現れている。

　1937年本願寺審議局で発行した「敬神の本義」では、当時の宗制第二章に依拠して、「一宗の教旨は仏号を聞信し、大悲を念報する之を真諦といひ、人道を履行し、王法を順守する之を俗諦といふ」といっている。(4)これは浄土真宗が、近世以来確立してきた核心教学の一つとしてみることができ、古代以来日本仏教の王法仏法相依相資論から派生したとみられる。筆者は、このような歴史的淵源は、特に15世紀浄土真宗8代祖師である蓮如によって確立された王法為本仁義為先の教えを根拠としていることを明らかにした。(5)しかもそれは龍樹または僧肇によって確立された大乗仏教学の真俗二諦の論理が歪曲されたということを明らかにしたのである。(6)

（1）　仏法と天皇

　日本の近代国家が、廃仏毀釈と神道国教化、そして、祭政一致の天皇制の確立によって民族主義、軍国主義、ファシズム体制に次々と転換していったことは、多くの先行研究が明らかにしている。ここではこのように跛行した近代国家の下部構造に従属した浄土真宗の教義歪曲の中で、信仰の対象であり仏法である阿弥陀如来がどうして天皇と同一視され、戦時教学の中核をなしているかを検討してみる。

　ここでは二段階の設定が必要である。その一つ目の段階は、法主に対する信仰観念と皇国信仰としての浄土真宗という教団＝国家という段階

である。菱木政晴は、この点をよく看破している。彼は、親鸞の血脈による継承、御門跡様と呼ばれる法主が、近世封建制度のなかで権威依存の没主体的信仰対象となり、「死後の浄土信仰を保証する法主を、'生仏' として崇高することになった」(7)という。これは江戸幕府の本末寺制度の確立によってなされたことが分かる。すなわち、幕府が統治のための上下関係を寺院に要求し、寺院はこれを受容することにより国主法従の関係が形成されたのである。また浄土真宗の中ではその頂点に法主の存在があり、他の制度が整備され権力化に繋がったのである。

　これに付け加えて、近代にいたり、皇室との結婚という関係を通じてその権威依存はより深くなっていることが分かる。浄土真宗の権力的体質は、近代にいたって真宗西東両門派の門主を中心に皇室との親姻戚関係を強化していくことによって極大化されたのである。西本願寺は、21世法主大谷光尊の実子武子は、九条道孝５男九条良致と、22世法主大谷光瑞は、大正天皇の皇后姉籌子と、23世法主大谷光照は徳大寺実厚の長女嬉子と結婚し、大谷派の東本願寺は、21世法主大谷光勝は、伏見宮邦家親王の４女和子と、22世法主大谷光瑩の二女恵子は、九条道孝の長男道実と、23世法主大谷光演は、三条実美の３女章子と、24世法主大谷光暢は、昭和天皇の皇后妹智子と結婚した。このような関係をみれば、結局浄土真宗内部の権力関係が、国家の権力関係と類似的形態で確立されているといえる。すなわち、法主と天皇は、聖俗各々の世界内で最高権力者として機能していることを意味する。

　そして、二つ目の段階は、阿弥陀如来≒天皇という関係である。

　本願寺戦時教学指導本部編「皇国宗教としての浄土真宗」では、浄土真宗の信仰の対象についてこのようにいっている。

　　真宗が日本的性格と相反するが如く誤解されるものの第一は信仰の

対象に関する事柄である。これを具体的に云えば尊皇精神と弥陀信仰との問題である。然し弥陀信仰は尊皇精神と矛盾せざるのみならず更に進んでは高く尊皇精神を高揚するものなのである。凡そ天皇はわが国の中心、至高至尊唯一の統治者でましますから一億の民草はすべて天皇に絶対の随順を捧げ、天皇に帰一し奉るべきはいふまでもない。(8)

　すなわち、弥陀信仰を皇道精神と同じ軸に配置し、天皇に帰一することはまたこのような関係からなされていると説いている。そして、このような問題に対する疑問を解消するために、「然るに近時ある一部では天皇帰一の真意を誤解して、天皇を宗教信仰の対象となさんとする企てもあるが、これは却って神聖を冒瀆し奉る結果になることを知らねばならぬ」(9)といっている。すなわち、阿弥陀如来＝天皇という信仰性の跛行は口を極めて反対しているようである。
　しかし、このような論理について実際にはどうなっているか考察する必要がある。まず近代浄土真宗の形態について、菱木政晴は、親鸞の主著である『教行信証』をみると、上からの圧力の道徳を拒否する無戒、権威・権力への服従を強制する日本の神たちと不可分の関係にある天皇を頂点とする権力に対して不服従を宣言する神祇不拝と国王不礼の三つの原則の中で、国王不礼が質実的にも形式的にも崩壊してしまったという(10)。これは、国体という観念を媒介して教団を支配した国家や天皇の権威が、信仰の世界に入ってくることも暗示している。
　『国体の本義』は、皇国史観に依拠して天皇を父とし、国民を子とする家族国家観を現している。このために仏教、特に浄土真宗の宗祖親鸞が御同朋御同行と説いたということが書いてある(11)。一方、このような『国体の本義』に追従しながら1941年「国体観念と真宗教義」(12)では、真

—154—

宗教徒は、自分の職分を尽くして、また大政を翼賛し大御心を奉戴して臣民の道を尽くしていくことが絶対の道であり、天皇に帰一する国民の態度であると表明している。ここでも「天皇帰一と弥陀帰一との意味に関して天皇帰一に対して正しくは弥陀帰依と呼ばれるべきものであり弥陀一仏を信ずる意味であるから天皇帰一と相対すべきものでないことを特に注意する必要がある」(13)として両者を最終的には一致させる。ただ帰一と帰依の意味を区分し、天皇に対する信仰性を脱色しようとしているが、現実の戦場で数多くの人びとが「天皇万歳」を叫びながら死んでしまったのである。むしろこのような意味区分が現世と来世、すなわち、天皇から阿弥陀如来に繋がる帰一と帰依関係の本質的性格をよく見せていると思われる。

(2) 浄土と生死観

　浄土真宗の教義の根本は、他力浄土信仰であるといえる。このような他力浄土との関係から異安心（宗祖の教えとは異なった教義）の問題で近代教学者が破門された歴史は、浄土真宗が宗教的生命ともいえる教義にどれほど確固たる堅持の姿勢をみせているのかをよく現している。(14)このような真宗教学は、戦時教学の生死観と結び付き、教団が恣意的に自分の教理を否定する結果を産み出してしまった。これについて概観してみよう。

　浄土真宗本願寺派管長大谷光照は『学徒出陳記念：日本主義の生死観』で、敗戦色が濃くなっていく1945年4月戦場へ出征する若者たちに次のように説いている。

　　凡そ生あるものは必ず死すとは古今の鉄則である。而し万人避くべからざる死でありつつ自己の死を完うすることは亦難中難と云はね

ばならぬ。死の縁まことに無量の中に学徒が学道の宣揚に身を挺し、一死以て君国に殉じ皇国悠久の大義に生くることは実に死を完うするものと云ふべきである(15)。

　そして生死超越というのは、生死を避けることではなく生死にそのまま従うことであるというのである。この生死一如の境地を自然法爾という(16)。結局、このような死に対する指針は、天皇と国家のための大義といえ、戦場での死をそのまま受け入れよという指示と変わりはない。
　最後の決戦のために宗教指導者の死に対する諭旨が書かれているこの本では、仏教界、神道界、新宗教界の最高指導者たちが、死に対する自分の教団教義を戦争に応用し説教している。浄土真宗も例外でなかったのである。
　このような論理が可能であったのは、何よりも浄土真宗の生死観が死後極楽往生を希求する信仰と結び付いていたからであることに再論の余地がない。本願寺の死に対する指針では、また真俗二諦の論理を取り入れている。すなわち、現実の支配秩序をこの世での真実は俗諦、戦場での死後の往生浄土は真諦と言いながら、体制全体の積極的支持者、すなわち皇国の忠良な臣民になることが浄土真宗の信者に不可欠な要件であるという(17)。
　このような諭旨は、1940年代に入って一層強化される。1940年正月初に本願寺法主によって「本年は肇国の本義を具現し、国体の尊厳を顕彰すべき絶好の機会である」、10月には大政翼賛会発足式につづいて法主が３国同盟の勅書を奉戴し、聖旨徹底のため「新体制の国策に順応し皇恩に奉答せんことを期すべき」という。1941年５月日本教学研究所開所式で大谷光明は、「進撃敢透せんとする思想戦士を育成すべし」とし、1942年１月には京城別院で「必勝の信念を堅持し戦没英霊護国将兵に感

謝を捧げる」大詔奉戴報国法要を開催、3月には法主主導でハワイ特別攻撃隊の頌徳追弔法要開催、そして1943年4月にも支那事変および大東亜戦没将兵追悼法要を開催する。このような戦死者に対する追悼法要が多くなっていくことが分かる。

　1944年1月には法主が「挙宗一体、本来協和、以て無極の皇恩に奉答せよ」と教旨を下し、4月には戦時教学指導本部では第一回審議会を開催して戦時下で指導を要する教学上の重要事項などについて協議した。その内容は、天皇帰一と阿弥陀信仰、靖国と浄土、穢土と神国などであった。そして、7月にはサイパン島の玉砕の英霊追悼法要を行い、法主は「不惜身命報恩行に徹せよ」と指示した。12月には、大東亜戦争3周年記念報国法要および神風特攻隊忠死者追弔法要を厳守した。敗戦1か月前である1945年7月には、中央協力会では「来るべき本土決戦に際し門末全機能をあげ戦列に奉公の誠をいたすべき」と決意した。[18]

　この内容から引き出される浄土と死の問題を浄土真宗の戦時教学では、国家神社靖国との関係でどうみているのか。

　本願寺戦時教学本部は、靖国について「我が国家の重要機関たる一つの神聖な営造物」であり、「日本民族の伝統的信念及び情操の公共的表現」[19]であるという。したがって靖国での合祀は、「宗教の世界に於いて浄土に生まれるといふが如き自己自身の転迷開悟の問題ではない。また靖国神社といふ造営物より云えば神祇を奉戴し公に祭典を執行し報本反始の誠を捧げる聖殿である」[20]という。そして、この場合、「靖国神社の聖域を浄土の如く考へ英霊がこの処にのみ在すが如く思ふのは少くとも国神社の本質には合致しない私見である」[21]という。結局、靖国に葬られていたとしても'靖国浄土'と思うのは妥当ではないというのである。

　つまり靖国合祀は、浄土真宗の浄土観と異なるというのである。しかし実際に多くの戦死者がここで合祀されることを願い、またよく知られ

―157―

ているように「九段で会おう[22]」と叫びながら死んでいった。すなわち、浄土真宗が靖国は浄土の世界とは異なるという場合、その理由を、国家の祭祀機能に限られているからであると説明しているが、これは表面的理由であるだけで、実際には、浄土代用の空間として機能したことは事実である。

これが論理的に浄土であるかないかを問う前に、戦死者が心情的に皇国に帰るための再会の場所であったのである。だから、本願寺戦時教学本部でさえ、「浄土に於いて証せられる妙果は二利円満の仏果であるから還相廻向[23]の利他行の行ひ再び皇国に還来して国土の浄化につとめる[24]」と説いているのである。このように浄土真宗の戦時教学が、靖国合祀の正当性を説明しようというのは、戦死者は導きによって実際に靖国を浄土として認識したからであることを現している。この認識に対する反論を提示したことからは、かえって戦時教学の矛盾を隠蔽しようとする意図がうかがわれるのである。

(3) 仏教と戦争

戦時教学最高の跛行的教えは、仏教と戦争について浄土真宗みずから戦争を否定せずに肯定したことである。これについては、1937年本願寺計画課が出した「仏教と戦争」と題するレポートがよく裏付けている[25]。ここでは、仏陀の戦争観、大乗仏教と戦争、そして浄土真宗と戦争を仏典と真宗教学を通じて論じている。これの核心は、一言でいうと正義の戦争であるという点である。

序言で「正義のため、人道のため、平和のために戦ふ」ことは、仏教徒だけではなく全国民の最大の義務と言い、「真諦俗諦両全を教旨とする宗祖親鸞聖人は、'朝家のため'と教へられ、蓮如上人は'王法為本'と諭された[26]」という。結局、浄土真宗の宗徒は、天皇の名前で行わ

—158—

れている戦争に率先して従っているというのである。

では、このような仏教遂行の論理的正当性は、どこから出たのかという問いから始めよう。

一つ目は、折伏に基盤した一殺多生の発想である。

このような点は、日蓮主義のそれと似ている。特に法華思想に基づいた王法仏法の論理である。近代に田中智学は、仏法を不信することを前提に折伏を手段とした天皇国家の完成、世界の中心としての日本戒壇を完成するための日蓮主義を主張したのである。(27)しかし死後の往生のため日蓮が法然の浄土宗を排撃したことを思うと、浄土真宗の折伏受容は、緊張した両者の歴史的関係を無視したものといえる。浄土思想は、人間の限界、特に死に直面した人間の不安を解消しようという一面も持っている。それは、弥陀にすがる信仰の行為である。

「仏教と戦争」では『勝鬘経』からは、吉蔵が論じた摂収と折伏をはじめ、それ以外の経典を引き出し、「摂折二門の説は三国仏教各宗に於て恒に教へられている一般通説である(28)」というのである。ここでは「一殺多生・摂折二門等の原理によって、衆生救済のための護法の戦争が肯定されることを述べたのであるが、仏教にては正義を擁護し、平和を希ふための義戦であること申すまでもない(29)」という。

日本国内の歴史上での仏教と関連がある内戦と外戦すべてが仏法のための戦争と言い、一方これは、仏教の慈悲実現の方法の一つであると力説している。前に言及した田中智学が主張している論理と矛盾していない。不殺生の教義が破壊されているとみることができる。このような論理は、大本教を始め、近代新宗教の弾圧などに正当性を付与している。対外戦争については、「東亜永遠の福祉と平和とを期待する大慈悲の折伏戦(30)」とまで闡明している。

仏法に対する信不信を問う折伏の論理が、対内外の弾圧と戦争の論理

にまで飛躍している。戦時教学の体系は、すなわち経典と祖師たちの仏法の精神を仏教以外の要因によってなされた歴史的闘争まで引き込み、戦争を正当化する論理まで作っているのである。特に東アジアの征服戦争を仏教を通じて正当化する役割を自任しているのである。

　二つ目は、個人が全体のために奉仕する精神である。これは無論研究者たちが指摘しているように、近代天皇制の確立とともに形成された万世一系の天皇が統治している家族国家観を基底とする。この基盤の上に個人を全体主義に服属させる論理が、1933年に行われた勝如の伝燈奉告法要を契機に一層強化される。この論理は、法主鏡如の後を継ぎ、いわゆる15年戦争の間勝如が法主として教団の全権を握っていた時により深められていく。国際連盟脱退、日中戦争、満洲国設立に繋がる対外戦争の不安をより加重させている間、教団の生命が、国家に委託される論旨が下されるのである。

　すなわち、王法為本仁義為先を掲げて世界を相手に日本の正義を主張していったのである。本願寺は、君主的宗主勝如の無所不為の全権のもとで世界の日本から日本の世界に転換しなければならないとし、宗門が国家のため働かなければならない好機を迎えたという。[31]

　このため古代日本仏教の伝統である鎮護国家の宗教としての浄土真宗の役割が一層強調される。特に浄土宗の宗祖法然が、善導大師の10徳の一つと呼ぶ'捨身往生の徳'をとりあげている。[32]国家は念仏護国、家庭は在家止住、現身は凡夫直入の使命であり、この中で鎮護する使命は、日本仏教全般における奉公であるが、第二の家庭全体の救済、第三の凡夫だけの聖化というのは不徹底であるという。むしろ後の二つの目標が、鎮護国家の使命を遂行することであるという。[33]朝家のため、国民のため念仏を称えるのが親鸞聖人によって初めて実現されたというのである。[34]すべての信仰生活が、結局国家のため、国家を保護するための使命とし

て転換されているのである。

　このような論理は、結局滅私奉公の論理、すなわち国家全体のため個人が犠牲となるのが当然の道理であるということに帰結される。以上のように、日露戦争を契機に一般民衆のイデオロギーとしての戦時奉公という戦争の論理が、軍国主義およびファシズム的戦争が続いていくことにより、浄土真宗の戦時教学体系に継承され、一層積極的になっていくことが分かるのである。

むすびに

　日本仏教は、近代祭政一致構造に編入されたのちに、対外戦争においてまず日清・日露戦争の初期段階から国家に協調しなければならなかった。従軍僧を派遣し、各々の兵営を巡回しながら負傷者慰問はもちろん、説法、葬礼、追弔法要、死亡者の遺骸または遺品などを送致するなどの役割を担ったのである。そして、このような活動の主な目標が、国家の理念に合わせて対外戦争の将兵を督励することであるのに再論の余地はない。国家の対外政策への仏教の直接的参加は、対外布教の教線を拡張するには大いに助けになった。

　西本願寺の21代法主である大谷光尊は、1894年朝鮮半島での布教と関連して次のように言及した。

　　仏教をわが国に齎したのは百済であり今の朝鮮である。しかし朝鮮はどんな制度より仏教の隆盛を見せていない。ほとんど形骸しか残っていないし、社会と衆生に利益を与えていない。それなら日本に伝えられた仏教を韓土に伝播するのは、日本仏教徒の恩義に報うことである。[35]

従軍僧としての役割と海外占領地および植民地内での布教権は、国家の権力と結びつかなければならない。朝鮮半島に最初に上陸したのは、教勢が一番大きかった浄土真宗であり、政府との協調のもとで海外教線を拡張しはじめた。[36] 植民地になってからは韓国での教勢は浄土真宗が一番大きかった。

　日蓮宗の佐野前励の努力によって僧侶の入城禁止が解除（1894年）されたことは日本仏教の韓国布教のエピソードとしてよく知られているが、実質的には日本による植民地化（1910年）から敗戦（1945年）にいたる期間、日本仏教の韓国での布教は、国家の対外政策と軌を同じくすることから成立した。浄土真宗をはじめ、曹洞宗、臨済宗、浄土宗、真言宗など日本の仏教界の国家との結託は、国内外の布教戦略に必須の要素であった。このように戦時教学には、教団の生存を越え、海外布教戦略も企図されていたことが十分に把握できるのである。つまり、対外戦争を押し上げるための戦時教学は、国内の戦力を海外に送り出すための強い精神的支柱を形成するとともに、教団の新しい開拓の機会としても作用したことが分かる。敗戦後、日本の仏教が朝鮮半島より完全に撤退したのは、これを証明して余るものがある。

【注】
（1）　丸山真男『日本の思想』（東京；岩波書店、1961年）38頁。
（2）　宗祖は中世に活動した親鸞（1173～1262）である。主に本願寺派、大谷派、高田派、佛光寺派、興正派など20余の宗派があり、日本文化庁編の『宗教年鑑』（2005年度版）では浄土真宗の教勢は、全体寺院の数は20,600余所、信徒の数は1,300万人と記録されている。
（3）　柏原祐泉『日本仏教史：近代』（東京；吉川弘文館、1990年）249

（４）本願寺審議局「敬神の本義」（戦時教学研究会編『戦時教学と真宗』第一巻、京都：永田文昌堂、1988年）、1937年、11頁。
（５）元永常「日本近代軍国主義政策と仏教界の受容」（『韓国禅学』24号、韓国禅学会、2009年12月）と「仏教とファシズム及び軍国主義の相互連関性――浄土真宗の戦時教学を中心として――」（『東西比較文学ジャーナル』24号、東西比較文学学会、2011年6月）を参照。
（６）元永常、前掲注（５）論文（2011年）を参照。また、本論文では浄土真宗の近代的跛行は、清沢満之（1863〜1903）によって主張された近代精神主義の限界より派生した面もあるということを考察した。
（７）菱木政晴『浄土真宗の戦争責任』（岩波書店、1993年）33頁。
（８）本願寺戦時教学指導本部編「皇国宗教としての浄土真宗」（戦時教学研究会編集、前掲注4書）、1944年、313頁。
（９）同上。
（10）菱木政晴、前掲注（７）書、12〜13頁。
（11）文部省編、『国体の本義』（東京：内閣印刷局、1937年3月）113〜114頁。この本は、帝国憲法と教育勅語の内容を戦時に合わせて再編成したといえる。日中戦争期に入った日本は、国体明徴声明を1935年8月と1937年10月に発表し、その以前すでに1937年3月に文部省ではこの本を発行した。
（12）「国体観念と真宗教義」（北陸群生社編『資料集：大日本帝国下の真宗大谷派教団』）39頁。これは、1941年の真宗教学懇談会の記録であり、『教化研究』145・146合併号（京都：教化研究所編、2009年6月）に掲載されている。

(13) 「国体観念と真宗教義」(北陸群生社編、前掲注12書)。
(14) 柏原祐泉、前掲注(3)書、225〜230頁。
(15) 全日本宗教管長執筆『学徒出陣記念：日本主義生死観』(京都；人生道場、1945年4月)46頁。
(16) 同上、47頁。
(17) 栗山俊之「戦時教学──'真俗二諦'の帰結──」(戦時教学研究会編集、前掲注4書)536頁。
(18) これについての資料は、本願寺戦時教学指導本部編、前掲注(8)書の「年表」(1〜43頁)によるものである。
(19) 本願寺戦時教学指導本部編「皇国宗教としての浄土真宗」(本願寺戦時教学指導本部編、前掲注8書)、320頁。
(20) 同上。
(21) 同上、320〜321頁。
(22) 九段は、靖国神社が位置する地名である。
(23) 浄土真宗の重要な教学の一つは、往還二回向、すなわち往相回向と還相回向であり、その中で後者をいう。
(24) 本願寺戦時教学指導本部編、前掲注(19)書、321〜322頁。
(25) 本願寺計画課編「佛教と戦争」(戦時教学研究会編、前掲書注4書第二巻)、1937年。
(26) 同上、112頁。
(27) これについては、元永常の「日蓮主義の仏法護国論と国体論──田中智学の論理を中心として──」(『仏教学報』47集、東国大学校仏教文化研究院、2007年8月)を参考せよ。
(28) 本願寺計画課編、前掲注(25)書、119頁。
(29) 同上。
(30) 本願寺計画課編「銃後の護り」(戦時教学研究会編、前掲注4書

第二巻)、1937年、130頁。
- (31) 本願寺総務部編「勝縁無二の春に値ひて」(戦時教学研究会編、前掲注4書第二巻、1933年) を参考。
- (32) 本願寺布教研究所編「鎮護国家と真宗」(戦時教学研究会編、前掲注4書第二巻)、1939年、373頁。
- (33) 同上、379頁。
- (34) 同上、389頁。
- (35) 佐々木恵璋編『日清交戦：法の光』(京都；興教書院、1894年) 188頁。
- (36) 3年後の1897年には、大谷派の奥村円心によって釜山別院の創立がなされた。

【参考文献】

丸山真男『日本の思想』東京；岩波書店、1961年。

柏原祐泉『日本仏教史：近代』東京；吉川弘文館、1990年。

戦時教学研究会編『戦時教学と真宗』第一・二巻、京都；永田文昌堂、1988年。

菱木政晴『浄土真宗の戦争責任』岩波書店、1993年。

文部省編纂『国体の本義』東京；内閣印刷局、1937年。

全日本宗教管長執筆『学徒出陳記念：日本主義生死観』京都；人生道場、1945年。

元永常「日蓮主義の仏法護国論と国体論：田中智学の論理を中心として」(『仏教学報』47集、東国大学校仏教文化研究院、2007年)。

佐々木恵璋編『日清交戦：法の光』京都；興教書院、1894年。

第23回国際仏教文化学術会議　総括

鄭　舜　日

　日本の佛教大学と韓国の圓光大学が主催する国際仏教文化学術会議が、いつのまにか23回目を数えることになった。この間、優れた先学の努力でこの会議が韓国と日本の学問の交流の場のみならず、両国国民の信頼を固める場としてその機能が拡張したことに無限の喜びを感じる。また今年は、「仏教と社会」という主題の下で豊かな学術交流の場になり、よりいっそう深い喜びを感じる。発表の内容もまた個性豊かで、主題に相応しく社会の内面と外面の多様な問題を考えさせる意義深い論議であった。発表者の皆様に改めて感謝の意を表す。
　まず、基調講演としての池見澄隆先生の「中世遁世者にみる自己と世間——無住『雑談集』を中心に——」は、アナール学派の研究方法を導入した日本中世の精神史の一面がうかがえる発表であった。この分野の第一人者でもある池見先生は、無住の内面世界を鋭い目線で考察しながら、近代の理性的な限界を越えた所にある人間の両面性に対する苦悩の記録を自己認識と世間感覚というプリズムに照らして、私的情念の学問的な価値を考察している。これは、長い時間の観察を通して徐々に変化して行く人間の観念に対する歴史を叙述することであり、高峰を占めている祖師の教えや高峻な教理からみる仏教の歴史とともに、民衆の生活を貫く内的歴史の側面を読み取る方法であるといえる。無住こそ、この

ような側面からは欠かせない貴重な素材を提供しており、池見先生は、遁世者が持っていた世間と出世間という心的な境界の状況を分析することで、中世の心性の歴史を忠実に再現している。仏教史研究の新たな地平を開いた力作であるといえる。

次に、韓国側の基調講演である韓乃彰先生の「現代社会における宗教の役割」(学術会議で発表した内容とこの本に載せた内容が多少異なり、この論評は前者に対するものである)からは、宗教固有の役割が、社会の多様な機能に移管されている現実において、宗教の現代的な役割を模索しているという点で示唆するところが多い。その核心的な内容は、伝統文化を保つ機能、個人の総合的な生活の質を高めること、普遍的な価値に基づいた社会的な正義の具現、正しい価値観の内面化作業を通した社会化機能の遂行、資本主義によって破壊されていく生命と生態運動に対する関心を促す役割などである。

韓乃彰先生は、宗教が依然として社会のなかで多様な活動をしているとみる。しかしながら、過去には、組織的な宗教運動が政治化され、政治化された宗教は勢力に執着するようになり、勢力化した宗教は暴力集団に変わっていったことが歴史的にも明らかであるという。それにも関わらず、韓国社会はもちろん世界の現代社会において、多様な社会問題を解決していくには、すでに経験と準備された組織としての宗教が重要な役割を果たすという。特に仏教は、宗教以上の役割を社会に提供していると主張している。社会問題に対して宗教が役割を果たすべきという論及は、新しい問題ではないが、より社会科学的な方法で綿密に分析している点にこの発表の意義がある。

研究発表としては、日本と韓国からそれぞれ二名の学者が発表した。民俗学、仏教の社会的役割、大蔵経の刊行、仏教の戦争責任などの時宜にかなった論文発表であった。

まず、八木透先生の「日本における死者祭祀と仏教——民俗学の視座より——」は、死者祭祀の諸相と、死霊から祖霊への変化過程を通じて仏教と民俗の関係を考察している。日本のなかで近代民俗学体系から外された仏教民俗学の領域がたゆまずに拡張していくことは喜ばしいことであろう。八木先生による最近の研究傾向はこれを明確に現している。民俗学と仏教との関係を多様な角度から考察し、論を立てる研究者の努力は日本の仏教学をより豊かにしていると思う。

　「喪」と「忌」を通じた遺族の慣習や死者祭祀と葬送儀礼は、仏教を通じて日本人の死者に対する慣習の特徴を明確に現している。民俗と仏教の結合は、民俗の伝統の上に仏教の宗教的役割が加わった形ではないかと思う。たとえば、あの世と他界観において仏教の浄土信仰が結合したことは、日本仏教の土着化過程と密接に関連していることがわかる。生者と死者に対する仏教の治癒の役割が、長い歴史のなかで形成されて来た日本民俗のなかで、治癒の形態として習合されているという発表者の報告は、仏教民俗学に対するより高い期待感を持たせるに充分であった。

　韓国仏教界の代表的な社会団体である浄土会で長く活動して来た柳淨拮先生の「持続可能な生態社会のための仏教者の生命清規(しんぎ)」は、発表者本人の経験が隅々まで滲んでいる発表であるといえよう。論理的な研究ではなく、現場で直接感じながら、仏教の現代的な役割がどのようなものであるべきかについての、筆者の長い苦悩の結果であるという点で意義深い。柳淨拮先生は、その核心を仏教者が守るべき生命清規として著わし、のちの世代に伝えるべき地球的次元の生活倫理を提唱している。

　この清規は、8分野にわたって24項目に分けられている。出家者のための伝統的な四分律と比べるとその数が少ないが、在家の五戒や十戒と比べると多い方である。しかし、この清規は、戒律に含まれている道徳

的な強制性よりは自律的で、また実質的であり、他人と地球の未来を考えれば、仏教者のみならずすべての人類が定言命法の立場で無条件に守るべき生活の指導原理のようなものであることがわかる。仏教はもちろん、すべての宗教、文学、哲学、歴史などの諸人文学が、もし現実問題に対して何らかの代案を提示するのであれば、このような形のものではないかと思う。また清規の内容を見れば、仏教の歴史と文化、そして宗教と哲学としての仏教の教えがそのまま染み込んでいることがわかる。

　次に、日本の大蔵経刊行の重要な歴史的意義を報告した馬場久幸先生の「近世の大蔵経刊行と宗存」という研究である。大蔵経刊行は、その時代の文化的力量であるともいえるほど多くの努力が必要な大事業である。過去の中国、韓国、契丹などの大蔵経刊行を見てもそのような事情がわかる。馬場先生の発表では、天海版大蔵経の刊行以前にあった、宗存の大蔵経刊行（ただし未完である）の全貌と日本国内の大蔵経刊行の高い水準について論究している。特に、馬場先生は宗存が高麗大蔵経を底本にすることで、のちにまで諸宗の基本としようとした意図を巧みに解明している。また、大蔵経刊行に必要な費用の節約のための努力があったにも関わらず、当時の社会国家的な状況の影響で刊行が未完になったことを明らかにしている。しかし、宗存が自分が生きていた混乱の時代に仏法を広めようとして、大蔵経の刊行を発願したその精神は高く評価すべきであろう。また、今後このような研究が盛んになり、東アジアの大蔵経刊行の貴重な歴史が妥当な学問的評価を受けることを期待する。

　最後に、元永常先生の「仏教と戦争――浄土真宗戦時教学の構造分析を中心として――」は、仏教の軍国主義を告発している研究であると思う。ある人は仏教が戦争を促したことや参加したことはないという。しかし歴史を見れば、そうではないことが証明される。元永常先生による

今回の発表は、日本近代の仏教史もまたそうであったことを明らかにしている。

　日本の戦時教学からは、日本内でもすでに歪曲された仏教教義が跛行していた様子がうかがえる。元永常先生は、これに対する最近の研究史を踏まえながら、今後の研究方向を摘示すると同時に、その研究の一端を浄土真宗の戦時教学の構造を通じて提示している。本研究は、日本の過去を懺悔すると同時に、古代からの伝統的なアジア仏教界の互恵平等の原則を固守するための意義深い努力であると思う。また今後、より綿密な仏教と国家の関係を新たに定立していく重要な研究であると思う。

　伝統のある国際仏教文化学術会議は、毎回、このように高い水準の研究成果を報告する場になっている。今後、韓国と日本両国の仏教学界を超えて、アジア全体に拡大される未来志向的な学術大会に発展することを期待する。

Self and Secular world in recluses of the Medieval period:
Muju's "Zotanshu"

Choryu Ikemi

In regards to the main theme of Buddhist priests, Buddhist collective and society, I would like to set "recluse" as its keyword.

In Japan, "society" was referred to as "secular world" before the Early Modern period. While "society" refers to a group of people that is based on individual independence and dignity, "secular world" refers to the circle of human relations that includes oneself. On the one hand, "secular world" is a Buddhist term, opposed to the supra-mundane world of monastic life. In other words, in contrast with the "secular world" that approves of the pursue of wordly fame and profit, the supra-mundane world of monastic life refuses this search and emphasizes the overcoming of the secular. However, a desire for fame and profit can in fact be seen in the supra-mundane world of Buddhist monks. Serious monks resolved to escape the secular world a second time by renouncing to their mundane life. These two-time-monks are referred as recluses. Recluses stood in between secular and supra-mundane life. I would like to discuss how recluses lived based on the "Zotanshu" written by Muju (1226-1312).

A Role of Religion in Modern Society: Taking Notice of Application of Buddhist Mindfulness Meditation to Psychological Therapy

Han, Nae Chang

In modern society, religions have been viewed as institutions to provide alternative core values toward politics, economy, and society and to strive for their realization. However, in my opinion, the expanded role expectations toward religion came from the western Christianity. The western role expectations toward religions rooted in their historical background in which the Christianity held great political powers and exercised its powers to the people's lives deeply in public and private aspects. It seemed that this tradition created the expanded role expectations toward religions. In contrast, Buddhism had not mobilized the political power resources to push its religious culture to people. Then Buddhism did not have to mobilize the violent means to get its religious will. I think that this tradition has created peaceful personal culture of insight in Buddhism. Based on this, Buddhism has developed a variety of self discipline practices like meditation. These practices pursued change through revolution from within, not accompanying violence and conflicts. I think that this is a genuine role of religious practices. Then, taking notice of mindfulness meditation which is very popular in psychological therapy of the US, I tried to organize it as a genuine role of religion.

Memorial Service of the Dead and Buddhism in Japan

Toru Yagi

In this paper, I think about the way of memorial service of the dead and its relationship to Buddhism in Japan from the view point of folklore.

Kunio Yanagita, who was known as the father of Japanese folklore, didn't approve of "Buddhism Folklore", because he limited objects of folklore to Japanese original faith and belief before foreign religions such as Buddhism had come. Therefore, the scholars began to research "Buddhism Folklore" after his death.

I consider their research carefully and analyze the characters of memorial service of the dead in Japan. It is clear that we have to regard Buddhism as very important. We must recognize that Japanese Buddhism have various functions, important roles and ambiguity when we think about the relationship between memorial service of the dead and Buddhism in Japan.

Compared with Korea, folklore and Buddhism were connected deeply in Japan. But in Korea, Confucianism was very strongly tied to folklore. This is the most different point between Japan and Korea.

The Pure Monastic Codes of Life （生命清規） to be Observed by Buddhists for Sustainable Ecological Society

Ryoo, Jung Gil

The situation on Earth has been worsening further in recent years, and those who practice Buddhism, accounting for a major part of the history and culture of our planet, should feel a sense of responsibility with respect to this issue. There is an inevitable need for Buddhists to put forth countermeasures, with a comprehensive understanding of the current circumstances in relation to the ecosystem and the environment, which are the primary issues of Earth today.

Accordingly, this study attempted to explore the agonizing contemplation of Śākyamuni Buddha to ensure happiness for all life forms. The current environmental problems on Earth are a message or a signal from our planet, urging us to change our lifestyles. Based on this, Pure Monastic Codes of Life is proposed for the followers of Buddhism. It consists of eight major categories, each consisting of three codes of practice, and thus there are twenty-four observances in total.

The Śīla and Vinaya of the traditional Buddhism and the Pure Monastic Codes of Zen Buddhism are justifiable duties and provisions that must be upheld by the followers of Buddhism. The Pure Monastic

Codes of Life could also be described as a proposition of religious practices before they are codes of ethical and moral practices based on respect for life, which arise from within oneself. To this end, the followers of Buddhism must first change their perception of life itself as practicing the path of enlightenment. In consideration of the current crisis faced on Earth, Pure Monastic Codes of Life may be a code of conduct that is necessary and indispensable for mankind. It is only when mankind transforms through our own transformation, while maintaining hope based on the Buddha-dharma, that the significance of the existence of Buddhism can be found.

Tripitaka publication and Shuzon（宗存）in modern period in Japan

Hisayuki Baba

The Tripitaka is published in China for 983 years. Even Koryo and a Khitan came under influence, and the Tripitaka was published. In Japan, the Tripitaka was published approximately 650 years after it by a priest called Tenkai（天海）. But a priest called Shuzon（宗存）published the Tripitaka before it.

The Tripitaka that Shuzon published is connected with the Koryo-Tripitaka. In this report, I considered Tripitaka publication of Shuzon from a condition of the Tripitaka publication, contents of "Issaikyo kaihan kanjinjo（一切経開板勧進状）", a comparison with the Koryo-Tripitaka. The Tripitaka of Shuzon understood that it was not reproduction of the Koryo-Tripitaka.

Buddhism and War: Focusing on Structural Analysis
of the wartime doctrine of the Jōdoshinshū

Won, Yong Sang

　Modern Buddhism of Japan lost its authority as a religion as a result of Haibutsu Kishaku（廃仏毀釈）along with Meiji Restoration. It further suffered a downfall when it descended to form a sub-structure of the State or State Shinto when Shinto emerged as the state religion. From the late 19th century until 1945 when the Japanese lost the war, many lives were lost at home and abroad due to the wars fought on foreign soil every 10 years. The followers of Japanese Buddhism, which had structural limitations, had no choice but to follow the policies implemented by the State. The aim of this study is to re-review the past history in which the Japanese distorted their education and teaching system to be applied to the war situation under imperialism and militarism, or more simply put, to analyze the wartime doctrine. Of particular note, this study focuses on a structural analysis of the wartime doctrine of the Pure Land sect, which is the largest Buddhist sect in Japan.

　In this study, the wartime doctrine of the Pure Land sect was examined from three different perspectives. First, it was the relation between the Buddha-dharma and the then-Japanese Emperor. The basis for this is regarded to be the fact that the sect and the State were united as an Imperial religion, and that the sect revered the Dharma-lords as the living Buddha. In other words, while strengthening the relations with the imperial family, the Pure Land Sect itself was reorganizing itself into lateral power relations, similar to the national structure. Amidst this, the wartime doctrine placed the Emperor in the identical position as that of Amitābha Buddha, the principal Buddha in the Pure Land sect.

Second, the relation between Pure Land and the view of life and death was analyzed. Dharma-lords taught the soldiers, who were to be dispatched, the doctrine of Zinenhōni（自然法爾）(realization of what things are by their own nature) under "sameness" (no disparity in birth and death). Also, in the wartime doctrine, while Yasukuni Shrine is rejected as the Pure Land, it was said to function as meeting place after returning to Imperial religion through Gensō Ekō（還相回向）. Accordingly, the dying soldiers perceived Yasukuni as the Pure Land.

Third, the logical justification for the relation between Buddhism and war was examined in two ways. One was the concept of "It is justifiable to kill one person to save the lives of many," while the other was the spirit of "self-annihilation for the sake of one's country," Based on this, it could be said that the wartime doctrine was a distortion and exaggerated interpretation of the teachings in Buddhism regarding "do not destroy life" and maintaining "peace and security to one's country."

중세 둔세자를 통해 본 자기 (自己) 와 세간 (世間)
──무주 (無住) 의 『雜談集』 를 중심으로──

池 見 澄 隆

[불교와 사회] 라고 하는 메인테마는 현실 사회속에서의 활동의 참모습에 대한 불교인과 교단을 향한 제안과 요청이라는 의미를 담고 있다고 생각한다. 일본에서 불교가 가장 번성했던 중세를 시작으로 전근대 전반에 걸쳐 사회는 [세간 (世間)] 이라 불려 왔으며, 이는 자신을 포함한 인간관계의 울타리를 의미한다.

한편, [세간] 이란 본래 [출세간 (出世間)] = 출가 (出家) 를 뜻하는 불교용어로써, 세간의 명성과 이득 (名聞利養) 에 대한 분기점으로 여겨져 왔다. 출가는 이러한 세간을 초월하는 존재인 것이다. 본문에 제시되고 있는 [둔세 (遁世)] 자는, 재출가자 (再出家者) 라 불리기도 했으며 출가세계가 현실에서 안고 있는 세간성 조차도 초월하고자 했던 승려의 모습이다. 즉, 승려이지만 히에이쟌 (比叡山) 과 코후쿠지 (興福寺) 등의 거대 사찰에 소속되지 않으면서도, 승려로서의 입신출세 (立身出世) 를 갈망하지 않는다는 의미에서 자유로운 처지를 살아가는 자를 가리킨다. 인세이 (院政) 시대로부터 가마쿠라 (鎌倉) 시대에 걸친 둔세의 정신사 중 본 논문에서는, 오와리 (尾張) 쵸우보지 (長母寺) 에서 후반생 (後半生) 을 보내며 많은 설화문학을 남긴 무주 (無住, 1226~1312) 의 회고를 중심으로 세간과의 불화와 체념을 통해 익힌 지혜와 함께 그가 살아온 삶의 의미를 되새겨 보고자 한다.

현대사회에서 종교의 한 역할 : 불교 마음챙김 명상의 심리치료적 적용을 중심으로

韓 乃 彰

　현대사회에서 종교의 역할은 정치 / 경제 / 사회의 핵심적 가치나 혹은 대안가치를 제공하거나 그 실현을 위해 노력하는 것으로 보고 있다. 그러나 필자는 이러한 역할 기대는 서구 기독교의 영향 때문이라고 보았다. 과거에 정치권력을 장악하였고 사람들의 생활에 깊숙이 관여하여 공적 / 사적으로 막강한 힘을 발휘하였던 종교문화의 영향이 이러한 역할기대를 만들어냈다고 본다. 이에 반해 불교는 종교문화를 사람들에게 강요하기 위해 권력적 수단을 사용하지 않았다. 그러기 때문에 자신들의 의지를 관철하기 위해 폭력적 수단을 동원할 필요도 없었다. 이러한 전통이 평화적인 자기 성찰문화를 만들어냈다고 본다. 이에 바탕하여 다양한 수행 방법들을 개발하여 왔다. 이러한 수행법은 내부로부터의 혁명을 통한 변혁이다. 그리고 폭력과 갈등을 수반하지 않는다. 이것이 진정한 종교수행의 역할이라고 본다. 그래서 필자는 서구에서 인기를 끌고 있는 마음챙김명상 (mindfulness meditation) 에 주목하여 종교의 진정한 역할을 정리해보았다.

일본의 사자제사 (死者祭祀) 와 불교

八木　透

　본 논문은 다양한 양상을 보이는 사자 (死者) 를 위한 의례, 즉 사자제사 (死者祭祀) 의 양태와 함께 사자가 사령 (死靈) 에서 조령 (祖靈) 으로 점차 변화해 가는 과정에 대해 고찰하고자 한다. 특히, 민속학적 입장에서 일본의 사자제사와 불교의 관계를 살펴보고자 한다. 일본 민속학의 창시자인 야나기다 쿠니오 (柳田國男) 는 민속학의 대상을 불교 등 외래종교가 들어오기 이전의 순수한 일본 독자적인 신앙세계에서 찾고 있기 때문에 결과적으로 "불교민속학" 이라고 하는 영역을 용인하지 않았다. 따라서 야나기다 이후의 제 2 세대부터 불교민속학이 시작되었다고 볼 수 있다. 이들 선행연구를 신중히 검증하여 일본 사자제사의 구체적인 사례에 대한 분석을 시도한 결과, 사자제사를 불교와의 연관 속에서 생각할 경우, 일본 특유의 불교의 존재형태와 불교관, 정토진종 (浄土眞宗) 의 특수성 등에 유의할 필요가 있으며, 일본불교를 하나의 총체로서가 아닌 다의적 존재로서 이해할 필요가 있다는 결론에 이르게 되었다. 또한, 해당 테마에 관한 한일비교의 관점에서 볼 때, 일본의 민속이 불교와 깊이 융합하여 [민속의 불교화]를 진행시켰다고 한다면, 한국의 민속은 유교와의 관련을 통해 이른바 [민속의 유교화]를 진행시켰다고 볼 수 있다. 이것이 불교와 민속을 둘러싼 일본과 한국의 가장 이질적인 부분이라는 점을 지적하고 싶다.

지속가능한 생태사회를 위한 불교인의 생명청규 (生命淸規)

柳　淨　拮

　최근 지구의 상황은 생각하는 것보다 악화되어 가고 있다. 지구의 역사와 문화에 있어 하나의 큰 축을 형성하고 있는 불교로서도 책임의식을 느끼지 않을 수 없다. 지구적인 큰 문제인 생태 및 환경과 관련하여 현재의 상황을 총체적으로 인식하면서 불교로부터의 대안을 내놓지 않으면 안 된다. 본 연구는 이러한 발상으로부터 촉발되었다.

　그 원점을 석가모니불이 모든 생명과 함께 하는 행복을 위해 고뇌한 것으로부터 출발했다. 그리고 현재 지구의 환경문제는, 우리들 자신의 생의 양식을 변화시킬 것을 요구하는 지구적인 메시지이자 신호라고 본다. 그것에 입각하여 불자 (仏子) 를 위한 생명청규 (生命淸規) 를 제안한다. 그것은 8항목의 분야이며, 각각 3가지씩의 실천 강령으로써 구성되었다. 전체적으로 24항목이다. 이 생명청규는 또한 불자들의 내면으로부터 솟아나오는 생명에 대한 경외심에 근거한 도덕과 윤리적 실천 이전의 종교적 실천 명제라고 할 수 있다. 이를 위해서는 삶을 수행으로 보는 인식의 전환이 선결 과제이다. 생명청규는 위기의 지구적 상황을 고려할 때, 지구의 모든 인류에게도 필요불가결한 행동지침이 되지 않을까 생각한다. 불법에 대한 희망을 안고, 우리들 자신의 변화를 통해 인류가 변화할 때, 비로소 불교의 현재적인 존재 의미가 있는 것은 아닌가 생각한다.

근세의 대장경 간행과 슈존 (宗存)

馬 場 久 幸

　현재까지 알려진 간행 대장경은 북송 태평흥국 8년 (983) 에 완성된 개보칙판대장경 (開寶勅版大藏經) 이 가장 오래된 것이다. 그 영향을 받고 고려나 거란 등에서도 대장경의 간행이 시작되었다. 한편 일본에서는 그로부터 약 650년 후에 텐카이 (天海) 라는 승려의 발원으로 대장경이 완성된다. 그러나 그 이전에 슈존 (宗存) 이라는 승려가 대장경을 간행하려고 하였다. 그 사업은 1613년부터 13년 동안 이어졌는데 아쉽게도 전질 (全帙) 이 간행되지는 못했다.

　그런데, 슈존이 간행한 대장경은 그 판식 (版式) 에서 고려대장경과 관계가 있다고 지적되고는 있지만 현존하는 것이 적을뿐더러 그 자체의 연구도 진전되지 않고 있다. 이러한 점에서 본고는 대장경 간행의 조건, 『일체경개판권진상 (一切經開板勸進狀)』의 내용이나 고려대장경과의 비교에서부터 슈존의 대장경간행에 대해 고찰한 것이다. 슈존은 대장경을 간행할 때 활자를 채용하고, 판식을 도중에 변경하여 비용을 줄이려고 한 것으로 보인다. 대장경 간행에는 막대한 비용과 안정적인 정권 확립이 필수조건이었는데, 일본에서 그 조건을 만족시키지 못했던 것은 에도 (江戶) 시대로 시대가 바뀌고 있기 때문이다. 또한 4점의 경전 비교를 통해 슈존판 대장경은 고려대장경의 복각이 아니라는 점, 일부이기는 하지만 교정을 하고 있는 점 등을 밝힐 수 있었다.

불교와 전쟁
──정토진종(浄土真宗) 전시교학(戦時教学)의 구조분석을 중심으로──

元　永　常

　일본 근대불교는, 명치유신 (明治維新) 과 함께 단행된 폐불훼석 (廃仏毀釈) 에 의해 종교로서의 권위가 실추되고, 이어 신도국교화 (神道国教化) 의 여파에 의해 국가 또는 국가신도의 하부구조로 전락 (転落) 되고 말았다. 19세기 후반부터 1945년 패전 때까지 10년 단위로 일어난 일본의 대외전쟁을 통해 국내외에 걸쳐 많은 희생자를 낳았다. 구조적 한계를 가진 일본의 불교계 또한 이러한 국가의 시책에 동조하지 않으면 안 되는 운명에 처해졌다. 본 연구는 이러한 일본의 제국주의는 물론 군국주의 하에서 자신의 교학을 왜곡시켜 전쟁의 상황에 적용한 과거의 역사를 재검토하고자 하는 것에 있다. 소위 전시교학에 대한 분석인 것이다. 그 가운데에서도 일본에서는 가장 큰 규모의 불교계 교단인 정토진종 (浄土真宗) 의 전시교학을 구조적으로 분석한 것이다.
　본 연구에서는 정토진종의 전시교학의 구조를 세 가지의 관점으로부터 고찰했다. 첫 번째는 불법 (仏法) 과 천황의 관계이다. 그 근간은 황국종교 (皇国宗教) 로서 교단과 국가를 일치시켜 가고 있다는 점과 법주 (法主) 의 권위를 생불 (生仏) 로서 숭앙하는 교단의 구조에 있다고 보고 있다. 즉, 황실과의 친인척 관계를 강화시키는 가운데 정토진종 교단 스스로 국가구조와 같은 종적인 권력관계를 정비하고 있었던 것이다. 그 가운데 전시교학은 천황을 절대적 존재인 아미타여래 (阿弥陀

如来) 와 같은 위치에 놓고 있다. 두 번째는 정토와 생사관의 관계를 분석했다. 법주는 생사일여 (生死一如) 의 자연법이 (自然法爾) 라고 하는 교의를 출병하는 병사들에게 설파하고 있다. 그리고 전시교학에서는 야스쿠니 (靖国) 가 정토는 아니라고 부정하고 있지만, 환상회향 (還相回向) 을 통해서 황국에 돌아오는 재회의 장소로써 기능하고 있다. 이를 통해 죽어가는 병사들은 야스쿠니를 정토로 인식하고 있었던 것이다. 세 번째는 불교와 전쟁의 관계로써 그 논리적 정당성을 두 가지로 보았다. 하나는 절복 (折伏) 에 입각한 일살다생 (一殺多生) 의 사상이며, 또 하나는 국가 전체에 봉사하는 멸사봉공 (滅私奉公) 의 정신이다. 전시교학은 불교의 불살생 (不殺生) 과 진호국가 (鎮護国家) 의 사상을 대외전쟁을 위해 확대 해석하여 왜곡시킨 것이라고 할 수 있다.

執筆者紹介（収録順）

①生年・出身地　②最終学歴　③職歴　④主な著書

池 見 澄 隆（いけみ　ちょうりゅう）
①1941年福井県生．
②大谷大学大学院博士課程単位取得．博士（文学・東北大学）．中世思想史．
③佛教大学名誉教授．
④『増補改訂版　中世の精神世界——死と救済——』（人文書院，1997年），『慚愧の精神史——「もうひとつの恥」の構造と展開』（思文閣出版，2004年），『冥顕論——日本人の精神史——』（編著，法藏館，2012年）．

韓 乃 彰（한내창／Han Nae Chang）
①1955年韓国・忠清南道大徳郡生．
②University of Iowa, Ph. D. Sociology, Organization.
③圓光大学校教授，Director of the Institute of Mind Humanities（マウム（마음）人文学研究所所長）．
④『地域社會と福祉問題』（共著，圖書出版月山，1995年），『圓佛敎人物과思想（Ⅱ）』（共著，圓佛敎思想研究院，2001年），『韓國の宗教と社會運動』（共著，理學社，2010年），『韓國近代100年と社会変動と宗教的対応』（共著，韓国学術情報，2013年），『私たち，このまま遊ばせてください』（共著，圖書共同体，2013年），『韓国の宗教社会学』（共著，ヌルボム（늘봄），2013年）など．

八 木　透（やぎ　とおる）
①1955年京都府生．
②佛教大学大学院文学研究科日本史学専攻博士後期課程単位取得．博士（文学・佛教大学）．
③佛教大学歴史学部教授．
④『男と女の民俗誌』（吉川弘文館，2008年），『新・民俗学を学ぶ』（編著，昭和堂，2013年），『京のまつりと祈り』（昭和堂，2015年）．

柳 浄 拮（유정길／Ryoo Jung Gil）
①1960年韓国・京畿道安城生．
②国民大学校建築学科卒業．
③知恵共有協同組合理事長，浄土会　エコブッダ（Eco-Buddha）理事．
④『生態社会と緑色仏教』（美しい因縁，2013年，仏教出版賞受賞），『消費者はどのようにオーガニックをだめにしているのか』（ホウレン草，2014年），「東アジアの平和共同

体の構築と宗教の役割」(2011IPCR国際セミナー2011，2012年)，「仏教の生態的知恵と環境」(宗教団体環境政策実践協議会，2010年) など．

馬 場 久 幸 (ばば　ひさゆき)
①1971年京都府生．
②圓光大学校大学院 (仏教学)，哲学博士．
③佛教大学非常勤講師．
④「日本 大谷大學 소장 高麗大藏經의 傳來의 特徵」(国立文化財研究所編『海外典籍文化財調査目録　日本 大谷大學 所藏 高麗大藏經』，2008年)，「日本における高麗版大蔵経の受容——足利氏を中心として——」(『福原隆善先生古稀記念論集　佛法僧論集』2巻，山喜房佛書林，2013年)，「『高麗再雕大蔵経』の日本流通と活用——琉球王国を中心として——」(『石堂論叢』58，2014年)．

元　永　常 (원영상／Won Yong Sang)
①1965年韓国・江原道横城生．
②佛教大学，文学博士，日本仏教思想および歴史専攻．
③圓光大学校研究教授，韓国日本仏教文化学会会長．
④『日本文化事典』(共著，高麗大学日本研究センター編，2010年)，『東アジア仏教の近代的変容』(共著，東国大学校出版局，2010年)，『仏教と国家権力：葛藤と相生』(共著，曹渓宗出版社，2010年)，『アジア仏教伝統の継承と転換』(共著，東国大学校出版局，2011年)，「浄土教の臨終論考察——臨終行儀を中心として——」(『浄土学研究』18輯，韓国浄土学会，2012年)，「韓国学界の日本仏教研究動向」(『韓国仏教学』68輯，韓国仏教学会，2013年) など．

鄭　舜　日 (정순일／Jeong Sun Il)
①1953年韓国・全羅北道金堤生．
②円光大学校，哲学博士，中国仏教専攻．
③円光大学校教授，韓国礼茶学研究所長．
④『説法の理論と実際』(民族社，1998年)，『印度仏教思想史』(雲住寺，2005年)，『今日は仏がいない』(円仏教新聞社，2008年)，『説法の技術』(民族社，2008年)，『印度仏教史：その思想的理解』(雲住寺，2010年) など，翻訳書；『中国仏教史』(鎌田茂雄著，経書院，1985年)，『中国仏教の思想』(玉城康四郎等著，民族社，1989年)，『中国喫茶文化史』(布目潮渢著，東国大学校出版局，2012年) など．

翻訳者紹介

全　炳　昊（전병호／Jeon, Byungho）
①1972年大韓民国生．
②佛教大学大学院社会学研究科社会学専攻博士後期課程修了．博士（社会学）．
③佛教大学非常勤講師．
④「開化期における韓国社会の教育観と近代学校の形成過程」（『佛教大学大学院紀要』36号，佛教大学，2008年），「非行抑止要因に関する日韓比較研究」（社会安全研究財団研究助成報告論文，2009年），「韓国大学生の自己観念と規範意識」（『現代の社会病理』30号，日本社会病理学会，2015年）．

佛教大学国際学術研究叢書 5

仏教と社会
ぶっきょう　しゃかい

2015(平成27)年 9 月30日発行

定価：本体1,900円（税別）

編　　者	第23回国際仏教文化学術会議実行委員会
発行者	佛教大学長　田中典彦
発行所	佛教大学国際交流センター
	〒603-8301 京都市北区紫野北花ノ坊町96
	電話 075-491-2141（代表）
制　作 発　売	株式会社　思文閣出版
	〒605-0089 京都市東山区元町355
	電話 075-751-1781（代表）
印　刷 製　本	株式会社 図書印刷 同朋舎

© Bukkyo University, 2015　ISBN978-4-7842-1820-2　C1015

思文閣出版刊行図書案内

生命論と霊性文化　仏教への問い

佛教大学国際学術研究叢書1
第20回国際仏教文化学術会議実行委員会編

死後生をめぐる霊性と仏教—総論にかえて—（池見澄隆）／生命の危機と仏教—現代霊性（スピリチュアリティ）の課題—（島薗進）／生命・霊性の問題と仏教（梁銀容）／韓国近代宗教の三教融合と生命・霊性（金洛必）／民俗宗教のスピリチュアリティ—「陰陽師ブーム」と「いざなぎ流」の世界から—（斎藤英喜）／圓仏教開教精神と生命秩序（李聖田）／生命と食—仏教食育論—（藤堂俊英）

▶A5判・212頁／本体2,000円（税別）　　　ISBN978-4-7842-1449-5

仏教と平和

佛教大学国際学術研究叢書2
第21回国際仏教文化学術会議実行委員会編

現代の社会問題を仏教に問う—国際仏教文化学術会議40年の回顧—（梁銀容）／仏教と平和—「いのち」と「共生」をもとに—（水谷幸正）／仏教と平和—安心と平安への道—（康東均）／日本における戦争と宗教（原田敬一）／世界倫理と三同倫理の脈絡和用（金容煥）／戦争は罪悪か？—20世紀初頭の日本仏教における非戦論—（大谷栄一）／宗教の両面—葛藤と平和—（韓乃彰）

▶A5判・242頁／本体1,500円（税別）　　　ISBN978-4-7842-1599-7

植民地朝鮮の日常を問う
第2回佛教大学・東國大学校共同研究

佛教大学国際学術研究叢書3
韓哲昊・原田敬一・金信在・太田修著

日帝の韓国併呑に対する韓国民の認識と対応（韓哲昊）／韓国併合前後の都市形成と民衆—港町群山の貿易・生産・生活—（原田敬一）／日帝強占期における「古都・慶州」の形成と古跡観光（金信在）／戦時期大邱の朝鮮人女子学生の学校生活—1937年の日記から—（太田修）

▶A5判・306頁／本体2,800円（税別）　　　ISBN978-4-7842-1660-4

仏教と癒しの文化

佛教大学国際学術研究叢書4
第22回国際仏教文化学術会議実行委員会編

癒し文化のビジョン—仏教に現代人の治癒を問う—（朴相権）／仏教と癒しの文化—在宅ターミナルケアの現状—（田中善紹）／病める社会の診断とその治療（柳聖泰）／日本仏教に見る救済と癒し—地蔵信仰を中心に—（笹田教彰）／懺悔修行を通じた現代人の仏教的治癒—元暁の『大乗六情懺悔』を中心に—（金道公）／鎮める学習への転換（白石克己）／第22回国際仏教文化学術会議　総括（藤堂俊英）

▶A5判・190頁／本体1,900円（税別）　　　ISBN978-4-7842-1706-9